AS MALAS MULLERES

LITERARIA

Esta obra foi gañadora da XXXIX Edición
do Premio Blanco Amor de Novela Longa, organizado pola Deputación de Ourense
en colaboración coa Fundación Eduardo Blanco Amor.
O xurado estivo composto por Avelina Rodríguez, Luciano Rodríguez e Xan Carballa,
con María Canosa como secretaria e presidido por Luís González Tosar.

1ª edición, 1ª impresión, 2021
1ª edición, 3ª impresión, 2022

Avenida de Madrid, 44, baixo, 36204, Vigo
www.editorialgalaxia.gal

ISBN: 978-84-9151-597-5
Depósito legal: VG 98-2021

MAQUETACIÓN
Alba Pernas

DESEÑO DA CUBERTA
Hayat Husein a partir dunha fotografía de
© Tim Hüguer-Unsplash

FOTOGRAFÍA DA AUTORA
Miguel Taboada

O papel utilizado neste exemplar é reciclable,
libre de cloro e obtido dunha xestión forestal sustentable.

Marilar Aleixandre

AS MALAS MULLERES

PREMIO BLANCO AMOR 2020

A Mercedes Losada Fernández.

Para Mar Lorenzo,
que ten conta das rapazas en prisións.

Todas as cousas son imposibles, mentres o parecen.

CONCEPCIÓN ARENAL

Chorade bágoas de sangue as que inmolastes os vosos fillos.

CONCEPCIÓN ARENAL. *Cartas a los delincuentes.*
Coruña: Imprenta del Hospicio,1865

I

NA GALERA

A CORUÑA, 1863

Galera.- Casa de reclusión onde se encerra por castigo as mulleres sentenciadas a aquela pena*.

Enciclopedia Universal Ilustrada Espasa, 1924

As malas leis encontrarán sempre, e contribuirán a formar, homes peores que elas, encargados de executalas.

CONCEPCIÓN ARENAL. *El visitador del preso.*
Madrid: La España Moderna,1893

* Comparten espazo na novela personaxes de ficción e outras históricas. Todas falan galego, porque así é como escoitou a autora as súas voces.

DESTERRIDA

O escintileo das tesoiras nas mans do home, un arreguizo. Rapar o cabelo é o que máis doe. O único fermoso que posuía, a cabeleira castaña. Tan longa, ao soltala cubría até os xeonllos o corpo nu. De nada valería, porén.

Trocara as roupas que traía por un farrapo gris que lle dera aquela muller. Non teñen compaixón.

—Non! O cabelo non!

Sábeo, debe manter a boca fechada se quere saír viva deste cortello. O home, podía ser chamado o barbeiro malia non haber barbeiros na Galera, as míseras condenadas son todas mulleres, ceiba unha gargallada co seu bico sen dentes.

—Cala a boca! É pola hixiene. As melenas son unha porcallada. Xa medrará cando saias, se…

Nin acaba a frase, mais non é preciso. Melena? Son dúas trenzas. Rechían as tesoiras, alá vai a esquerda, alá a dereita. Unha cambra percorre o seu corpo desde o cabelo cortado até as puntas das dedas. É como se as derraigasen do fondo do seu peito, do seu ventre. El apáñaas coa outra man para non caeren no chan, bótaas nunha saqueta e dállas á muller. Felisa —ao entrar non sabía o seu nome, sábeo agora— fai un aceno de noxo. Para que a saqueta? Sae para o cuarto de detrás e el, ao quedaren a soas, moumea polo baixo:

—Pelos... chega cos que tes na cona para...

Interrómpese ao volver Felisa. Fítaa, esculcando dunha ollada famenta o seu corpo todo, como se enxergase baixo o farrapo os peitos, o lugar entre as pernas. Levanta un chisco o nariz, parece que a uliscase a distancia. Á fin, volve a cabeza e marcha.

Felisa empúrraa até que cae sentada nun tallo, colle unha navalla de barbear e acaba o labor rapándoa. Funga entre dentes:

—Porconas, desvergonzadas... de moca, comendo a sopa boba...

Non replica. Súa nai peiteábaa aloumiñando o cabelo, espiollándoa nos meses en que viñan os piollos; coa lembranza sente subir as bágoas. Esfórzase con porfía en reprimilas para dentro dos ollos, nun interior que ninguén debe coñecer.

—Para de remexerte! 'Tá quieta.

Nin un dedo move. Coa navalla afiada na man pode levarlle unha orella. Contaba a nai que antigamente aos ladróns e ás mulleres da rúa cortábanlles unha orella. Ficaban marcadas para sempre, como se levasen un cartel no pescozo proclamando o crime polo que foran desorelladas.

Quieta, parada, durante catro anos. Días monótonos, iguais como gotas de chuvia. Cando saia, se non morre, terá case vinte anos, aquí ficará a súa mocidade. Marcada para sempre. Sen catar home. E el... non quere pensar niso, choraría e non vai chorar diante deles.

Felisa condúcea por corredores escuros até o dormitorio que chama a corte. Imaxinara, non sabe por que, un calabozo onde estaría soa; enganouse. Na sala hai dúas táboas corridas, á dereita e á esquerda, e cadansúa ringleira de xergóns morriñentos. As mulleres sentadas ou mesmo deitadas neles, talvez durmindo. Empúrraa a un desocupado.

—Calada! Tes a lingua longa de máis, paréceme.

Con isto insinúa que lle gustaría cortarlle a lingua como lle tosquiaron o cabelo. Calada está, nada ten que dicir, de nada serviría o que diga. As palabras dunha muller valen pouco, as dunha presa nada. Falar aquí é apañar auga nun cesto, escoa polos furados.

A cama desocupada, que non limpa. Aparta para un lado a manta, aí vai un bicho negro correndo polo xergón, unha chincha. Apáñaa, esmágaa entre os dedos. Mira arredor procurando en van unha perfia, un xerro, auga para lavar a man. Nun cabo do cuarto hai un balde de madeira cunha tampa, será para facer as necesidades pola noite. Auga non. O chan está aínda máis porco que a cama. Non limpan nunca? Se tivese unha vasoira, un balde con auga, un cepillo, podería limpalo.

Limpar sabe. E lavar; á fin, é o que fixo toda a vida.

Das paredes, nalgúns dos espazos entre xergóns, penduran cadeas e uns grillóns negros medio enferruxados. Prenderán con eles as presas? Van prendela? Porén, ao mirar arredor, non hai ningunha muller suxeita. Non esculca con atención, olla sen fitar para que tampouco a miren, ten que se esforzar en pasar inadvertida. Compórtase como se non existise, concéntrase en semellar invisible, en ser unha mancha gris, sen luz, sen cabelo, no medio da tebra agrisada. De momento a chegada da nova non esperta interese. As que están deitadas teñen os ollos fechados; as outras, a mirada perdida.

Detrás do seu xergón, na parede, non hai cadeas, mais si unha mancha graxenta. Sinala o lugar onde a presa que durmiu alí antes dela chegar apoiou a cabeza. Onde iría esa muller da que agora ocupa o espazo? Morrería consumida polo desacougo ou talvez saíu libre despois de cumprir condena. Quen sería?, por que crime foi guindada en prisións, imposible sabelo. Os lugares non gardan memorias de quen os habitou. O nome da muller esquecerase, como esquecidos serán os das trescentas mulleres que penan na Galera, sexa cal sexa a súa sorte. Porén, ao inclinarse, entrevé un borrancho na parte baixa da parede, case oculto polo xergón. Semellan letras riscadas que apenas se ven, ségueas co dedo para axudarse na lectura, é unha palabra que lle oíra ás veces á súa nai.

Desterrida.

Desterrida. Perdida a esperanza. A quen se dirixiría esa mensaxe que case ningunha das reclusas será quen de ler? Non tiveron unha señora Paquita. Está dicíndolle que neste lugar non ten cabida a esperanza. Talvez non fose necesario, as paredes que nada levan escrito están enchoupadas da desesperanza; pode ulirse, entra até o fondo da gorxa e alí fica, como a brinca ao prender para sempre o peixe que nadaba libre.

Déitase no xergón e intenta durmir sen conseguilo; renxe o follato cada vez que dá a volta. Venlle á mente o que lle contou a señora Paquita a última vez que a viu: o tempo faise tan longo esperando a morte; para enganalo cada noite imaxino que vou camiñando por unha corredoira alá na miña aldea entre as herbas, as flores, os paxaros; turro dun deles co pensamento; o vento revólveme o cabelo, espíñome o tornecelo coas silvas, o orballo móllame a fronte, chego a ulir o arrecendo do fiúncho, a escoitar o chío do liñaceiro.

Hoxe é luns, dezaseis de marzo. Imaxina os salgueiros na beira do río, preto da casa. Estes días de marzo, nesta primavera que lle roubaron, estarán agromando, nada se lles dá de que ela non os vexa, os seus rebentos dourados son peludos e suaves como animaliños. Haberá salgueiros, vimbios, herbas, paxaros para tantos días ao longo de catro anos?

A CONDICIÓN DA VISITADORA

Nas salas todo está sucio; é raro ver un xergón que non estea manchado, unha pelica que non alcatree, un chan que non dea noxo. Mesmo a roupa limpa está sucia e iso acontece en todas as salas. Non puiden entrar na cociña, mais é de supoñer como a terán quen sae dela morriñento e cotroso, guinda o pan sobre as camas (moitas sen nada que cubra o xergón), onde ás veces cae sobre esgarros ou sangue; quen leva a galiña na man, mais que man!

Outra consecuencia do desaseo son os insectos, mal terrible. Chinchas e carrachos que zugan o sangue, piollos causantes de proídos, pulgas que chimpan dunha cama a outra e a sarna, que eu considero a máis temible, escaravellando por baixo da pel. As roupas de vestir das presas, cando van limpas, adoitan contaminarse no roupeiro coas que están infectadas. Así volven unha e outra vez ás internas, sendo unha das causas da propagación deses animais tan repugnantes para as persoas libres, e que tanto mortifican as míseras condenadas.

Coruña, 19 de maio 1863
Sr. don Manuel de la Cuesta

Querido tío:

A viaxe desde Madrid deixoume mallada. A dilixencia é infame, as xaquecas asaltáronme durante toda a semana. Non debe Vde. estrañar que a miña melancolía se traslade ao papel, ben ao meu pesar, nin tampouco que algunha das miñas cartas se reduzan a darlle a Vde. conta da miña saúde e preguntarlle pola súa.

Considere que para quen logo dunha gran desgraza volve á vida da alma pode dicirse que hai unha resurrección dolorosa. Cada paso que dá a triste fóra do recinto no que sufriu os primeiros embates da súa pena prodúcelle terribles estremecementos. Desde a morte de Fernando, tan cedo arrebatado hai cinco anos, non houbo para min un momento de felicidade, tan só me alcanzan os seus reflexos ao contemplala nos meus fillos. Pasei estes anos caendo e erguéndome de novo. Sen dúbida, calma as aflicións saber que hai quen as sente. Por absurdo que sexa, parece que as bágoas dos vivos deben levar paz aos sartegos dos mortos, que nos moven a compaixón cando ninguén os chora: nada menos razoable e máis certo. Porén, estou convencida de que a moral non pode fundarse na felicidade, pois esta en nada contribúe á vida ética da persoa. A dor, si. É a dor a que ensina a nos superarmos, a mellorarmos. Aínda que, como Vde. sabe, considero a resignación cristiá unha perda de tempo.

Envíolle adxunta copia do artigo sobre a falta de aseo nas prisións. É posible que desagrade as autoridades, mais dicir a verdade é o meu deber. Seica hai conversas para nomearme Visitadora de prisións.

Estou procurando casa. Cando organice todo, escribireille con máis vagar. Déalle unha aperta á miña irmá. Son a súa afma. sobriña

CONCHA

Dá en matinar que visitadora é o contrario de visitante. A visitante pasa brevemente por un lugar, pousa nel a ollada e desaparece logo. A condición da visitante é fuxidía. A súa visita en nada muda o visitado. No entanto, a visitadora esculca no máis fondo por baixo das aparencias. A visitadora pretende mudar o visitado, as eivas do que visita dóenlle como propias. Pois a visitadora, vendo o que para outros é invisible, ten a condición de vedora. Os que están sempre atentos ás palabras dirían, pensa, que esta de vedora non existe. Será porque no tempo pasado os vedores eran unicamente homes, como ocorre con tantas profesións ou encomendas, debido á postergación das mulleres. Os vedores inspeccionaban e, ocupados en comprobar a aplicación dos regulamentos, está inclinada a crer que non vían o estado das cousas mesmo téndoas diante. Mais ela, se é Visitadora, verá. Talvez chegue mesmo a vedoira.

Coruña, 28 de xullo 1863
Dona Pilín Tornos e Matamoros

Recibo, Pilín querida, a túa carta e a satisfacción de saber que estades ben e Pepe con máis ganas de comer.

Teño casa e non é pouca fortuna, pois na Coruña é problema de difícil solución. Está no número 12 da rúa Ferrerías. Mal sitio (ao dicir da xente); bo, ao parecer meu: retirado, silencioso, solitario, e ten sobre todo unha galería desde a que vexo o mar e o ceo e que está convidando ao estudo, á meditación e á rêverie. *Date por convidada e máis, que despois de ter unha alcoba para cada un sobran dúas. Ramón choraba o outro día lembrándovos, e para consolalo díxenlle que viriades o ano que vén á nosa casa. Si, dixo, ben podemos telos, a Pilar gústa-*

lle moito o peixe e aquí está barato. Pagarei dez pesos ao mes pola casa; douscentos reais non é pouco para o que eu querería, mais si para os prezos que aquí hai.

A escasos metros da casa hai un convento de clarisas e seica, para o curso que vén, a final de ano, abrirán un instituto de segundo ensino, que até agora non foi autorizado polo Goberno, o que a xente da cidade atribúe a ser A Coruña liberal de máis. Non sei se no futuro deberei buscar outra vivenda, por encontrarse esta a moita distancia do cárcere da Galera, mais en tanto non chega o nomeamento, ben está ter un lugar onde acougar. Con todo, ese cargo de visitadora tenme sumida na dúbida. Vexo moitas amarguras, moitos compromisos, unha loita incesante e talvez infrutuosa, moito e moi árido traballo e ter que separarme dos meus fillos cando mo manden.

O que agora me preocupa, precisamente, é encontrar colexio para eles, sobre todo para Ramón, que segue sendo un neno revoltoso, como se non fose facer dez anos o mes que vén. A súa irreflexión parece medrar con el e o seu amor ao traballo non medra. Enviareino a un internado? Confío en matricular a Fernando no instituto, cando o abran. Eles son a miña ledicia, mais como todos os rapaces dan traballo abondo; é incomprensible como poden esfiañar a roupa toda, descoser pantalóns, furar calcetíns. Ben sabes que é necesario facer de todo, decote a escritora debe soltar a pluma para termar da agulla e remendar as calcetas. Así é a miña vida!

Darás recordos a toda a familia, e para ti unha aperta de

Concha

LOMBRIGAS

Peneirei, peneirei por un cribo
fixen un pan de relón coma trigo.

Á noite, por veces, acorda desterrida oíndo chorar un neno. Abre os ollos, mais non está na casiña senón no xergón. Talvez algunha das mulleres se laiase en soños. Noutro dormitorio hai reclusas que teñen fillos. Nos seus oídos o choro soou á voz dun neno, a do seu irmanciño Xaquín.

O primeiro fillo que pariu Encarna, de nome Manuel, naceu no medio do mes de xullo de 1846, un ano antes ca ela. Ela naceu en agosto, fará dezaseis anos nuns meses. Puxéronlle Francisca pola avoa, aínda que nunca lle chamaron outra cousa que Sisca. Até estes días non matinara en que Encarna tiña dezasete anos, pouco máis do que ela agora, ao nacer Manuel; contáralle que casaran tres meses antes. Dous anos despois dela, en xullo, pariu unha filla, Rosa, que viviu dezasete días. Aínda virían catro meniños máis: Nola, Rafael, que naceu no ano do cólera e morreu ao día seguinte, Xaquín e Marica. Desde os sete anos Sisca tiña conta dos que viviron, sendo a máis vella das rapazas e a nai con pouca saúde e menos solaz. Nola e mais ela ían coa nai ao río lavar a roupa doutra xente e mais a súa. O último meniño nacera morto un ano de fame e a nai perdeu tanto sangue que houbo morrer. Despois, cantas veces diría pobres de nós, viñeron as desgrazas todas. O que non quere lembrar.

O pai ía cada día ao cuartel da praza das Atochas, onde limpaba; ás veces traía sobras da comida que botaba ás agachadas nos petos do gabán, tiña vergonza de que alguén se decatase. Vergonza de pasar fame, de non ter que darlles aos fillos, mesmo non sendo culpa súa; decote sente vergonza o que non ten por que e o que tería por que non a sente; ou así lle parece. Ao chegar á casa baleiraba os petos das mondas de pataca que a nai lavaba, despois de quitarlles os ollos, e cociñábaas con sebo; disque algunha xente facía tortilla con elas, mais na casa nunca houbo ovos, ao non criaren galiñas e custaren moito. Outros días, era a pel do touciño, rara vez anacos de broa porque marchaban con eles se non os comían no rancho; os que chegaban á casa era por colleren balor; a nai limpábaos para aproveitar o que se podía. Algún día de cocido, ósos da cachucha ou da soá medio rillados, que os soldados non aproveitaran ben e eles deixaban limpos. Unha vez trouxera un mandiño de cabezas de xurelo; os militares foranos non se afacían coas cabezas de peixe; non cre que lles desgustasen, sería por non as saberen comer. Mais tampouco debían servirlles peixe, agás en días especiais. Adoitaban comer verzas fervidas, cando as había, e papas de millo en auga. Unha vez a nai conseguira un pouco leite para os pequenos, gardou media cunca, mesturouno con auga e fixo papas de millo, moi ben lles souberan. Cando morreu Rafael, subíralle o leite, doíanlle os peitos, puxo neles a Nola, que tiña tres anos, e mais a ela, tende coidado, non me morder. Retiróuselle logo, pasaba fame de máis. Con todo e ser cativa, a comida do cárcere é máis abundante que a da casa, ás veces até mellor se non fose que ten un algo de amargue-xo, nos pratos ou na súa propia boca, quen sabe.

Naquel ano en que naceu o último, o que non chegou a ter nome, Xaquín tiña tres. Era bonitiño coma un sanluís, falaba seguido preguntando por todo na súa media lingua. Sisca ía para doce anos, era o seu meniño, levábao con ela a todas partes menos ao río. As lavandeiras contaban dunha que levara a filla e sen ela se decatar caeu á auga e afogou, desde entón a nai colleu medo do río, aínda sendo tranquilo en Monelos, parecía imposible alguén, nin sequera un neno, afogar nel. Unha mañá Xaquín amenceu coas febres. Non sabían de que enfermara, que ían saber. Até un día que, ao facer o meniño de corpo no penico, viu as lombrigas. Brancas, longas como o seu dedo, fininas, vivas. Todos padeceran das lombrigas cando nenos, mais nunca vira tantas delas. As lombrigas chuchaban o pouco que comía Xaquín, devorábano polos adentros. Uns días despois trousou un vómito verdoso mesturado con vermes. Choraba toda a noite, uns berros que furaban os oídos e a alma. Doíalle a barriguiña. Non pasou moito tempo, logo morreu. Explicou o doutor que as lombrigas afuracaran as súas tripas matándoo. Os saloucos do neno aínda volven a ela ás noites, tenos engarrados no peito como Xaquín os vermes. Por mortalla levou unha roupiña que ela cosera nun retallo que lle deran á nai na casa da rúa Real, e até bordara unha casiña a punto de cruz. Non o chegou a estrear de vivo. Cada vez que colle a agulla para remendar unha peza, represéntaselle a súa cariña de rosa. Enterrárono dentro dunha caixiña branca. Non pesaba nada.

O cativo morreu polas lombrigas e tamén polo verme da fame que rillaba en todos os irmáns. Ás veces unha veciña con máis posibles ou que tiña compaixón dos nenos dáballe á nai un pouco relón de millo. Como na cantiga, ela mandáballe peneiralo no cribo unha e outra vez. Despois amasaba un moletiño que levaba a cocer ao forno da mesma veciña; na casa non o había. Nunca puido escoitar esa cantiga sen que as bágoas lle subisen aos ollos: é o canto da fame.

Xaquín nacera dous anos despois do cólera, que na cidade levou vidas a centos. Caían mortos na rúa, non habendo onde soterralos, ou así contaban. A xente fuxiu para as aldeas, quen podía, mais eles non tiñan a onde ir. Lembra as lavandeiras no río dicir que non había médicos na Coruña, mandaran vir cinco de Santiago e morreron tres deles. Mais na casa todos ficaron vivos. A nai dicía que era por se lavaren tanto. Estando ao pé do río era máis doado carretar auga nas sellas, moitas ten cargado, na man ou na cabeza sobre un mulido; cando nenas, mergullaban por completo no río; despois ao medraren, unicamente os rapaces. Con gusto cargaría outra vez, con tal de poder lavar, polo menos unha vez á semana, algo máis que a cara e as mans. Aquí hai uns días de baño, cando cadra; non son fixos ou cústalle entender de que depende. No mes que leva aquí, unha soa vez. Por partes, como na casa, mais cun xabón que cheira mal e vestidas cunha chambra. Segundo as monxas da caridade que as vixían, lavarse núas vai contra a modestia. Tamén á noite van esculcando as camas, non vaian ter as mans por baixo da manta.

—As mans fóra!

—Teño frío —funga unha.

—Hai que apandar co frío. Máis sufriu el... Logo vén o bo tempo.

O ano do cólera disque houbera tifo na Coruña e en Muxía, mais ao seu barrio non chegou. Foi nese ano cando chamaron por vez primeira a nai para lavar a roupa da casa da rúa Real, que seu pai chamaba rúa Acevedo. A lavandeira que facía ese labor, Luzdivina, morrera do cólera ou talvez do tifo e unha veciña recomendou a Encarna, por limpa e por honrada que nunca distraera unha peza, nin sequera un paniño de man. Luzdivina, como Encarna, lavaba no río de Monelos. Non a lembra, para ela as lavandeiras eran case indistinguibles, mulleres que ás veces lle dirixían palabras cariñosas, sendo, aos seis anos, a máis nena de cantas axudaban a lavar. Tanto ter as mans na auga do río, andaba sempre con frieiras, proíanlle á noite. As presas neste cuarto parécenlle iguais, como as lavandeiras pero non tan feitas. A única distinta, talvez, a do xergón á esquerda do seu, o que fica tocando a parede, unha muller que nunca baixa a vista.

Polo que dixeron no refectorio antes da lectura piadosa, hoxe é martes, catorce de abril. O fiúncho debe inzar as corredoiras todas, mais non é quen de turrar para aquí do seu arrecendo. Tantas veces como o ten pisado, descoidadamente, sen atender ao ulido, era como o murmurio da auga do río, o que daría agora por escoitalo. Ve as follas, fininas como agullas, por momentos ten o seu sabor na lingua ao amordicar os talos, un intenso gusto a verde. Non o ulido. Talvez non poida pasar por riba do cheiro a balor, suor e morriña deste cuarto. O cheiro a desesperanza. Chama por el: Ven fiúncho!

CHORA A NENA

Á noite, por veces, a Visitadora acorda desterrida, oíndo chorar unha nena. Despois non consegue durmir máis.

Sabe quen é, chamáballe Candonguita, Candonga, un nome cariñoso oído en San Salvador de Leiro para a xente lenta de máis, aínda que sendo a filla máis vella foi bautizada co seu nome, Concepción. Chora seguido, espasmodicamente, uns laios que furan os oídos e a alma. No seu choro, toda a impotencia da nena de dous anos que sofre sen saber por que, nin como deter un padecemento intolerable.

Querería lembrala unicamente balbucindo por vez primeira, mamá, papá, chamando por Fernando cando estaba de viaxe e ela adoecía de saudades. Oíla chamar por Fernando era un consolo; certificaba a súa existencia, non era un produto da súa imaxinación, un home quen de establecer unha relación entre iguais, un home que a desexaba, a ela, por quen tan pouca xente sentía afecto, que aloumiñaba os seus cabelos rubios como adoitaba facer seu pai.

Logo do desengano con Manuel, chegara a pensar que para ela non habería amor. Nin amor nin afecto, morto o pai, a nai infiel á súa memoria. Que fora daquelas cartas nas que el se lamentaba de ser Concha indiferente ao seu cariño? Que, do xogo de se chamaren tío e sobriña para lexitimar a tenrura? Nese tempo fantasiaba ás veces cunha escena na que ela chegaba á casa de Manuel co pretexto de devolver uns libros, intercambialos por outros, como fixera tantas veces na realidade. Sentados ante a cheminea, mentres fóra danzaban as folerpas de neve, ela aloumiñaba Tales, o gran danés negro que Manuel lle regalara para custodiala nas súas camiñadas polo monte. O agasallo do can era un modo de dicir sen palabras, eu gardaríate se estivese aquí, se non tivese que desempeñar o posto de xefe político en Zamora, de gobernador civil en Logroño, tan lonxe do val de Liébana. Acariciar Tales era dalgún modo acaricialo a el. O lume reflectíase nos seus cabelos rubios, que parecían arder. As súas respiracións ían ao unísono. En silencio, até pedir el, en voz moi baixa, como se llo dixese ao oído: solta o cabelo, Concha, doe velo sempre apreixado. Ela, moi a modo, tiraba o prendedor, os fíos rubios cubrían os seus ombros, iluminaban a sala. Manuel levantábase da butaca, o libro que estaba lendo caía ao chan. Tendíalle a man. Era un sinal para ela se erguer. El pousaba a man nos seus cabelos, moi suavemente, collíalle a cara entre as súas mans. Logo... Nin soñando esperta se atrevía a imaxinar a continuación. Que caricias seguían, que apertas. Apreixar o cabelo, apreixala entre os seus brazos. Tiña a certeza de que chegaría ese momento. Sendo o seu igual no pensamento era impensable que puidese encontrar outra muller así.

Despois de morrer a nai unha tarde, de repente, Tonina, a irmá pequena, a pequena das irmás verdadeiras, na outra non pensaba como irmá nin como media irmá, irrompendo no seu cuarto, as meixelas acesas: Boas novas! Vou casar... Antes de que ela, sorprendida, tivese ocasión de reaccionar, de preguntar con quen, non habendo relacións con ningún mozo, engadindo: Con Manuel.

—Manuel de la Cuesta?

—Quen se non?

—Tonina...

—Non me dás os parabéns?

Tonina sorría o seu sorriso libre de coidados. E de que falaredes, preguntábase ela, se a ti o mundo do pensamento non che preocupa? Mais non o dixo. Unha dor como a entrada da folla do coitelo. As xaquecas. A soberbia anoando a gorxa. Semanas máis tarde a explicación de Manuel, no medio doutra frase, sen darlle importancia, con Tonina todo transcorrerá placidamente, é tan dócil. Dócil, iso ilumínao todo. Por debaixo das palabras pronunciadas, as non pronunciadas, dócil e o seu contrario indócil, plácida e o seu oposto desapracible. Hai mulleres ás que nada preocupa, menos que nada os debates intelectuais ou políticos, mulleres coas que pode anticiparse unha vida serena, abandonar nas súas mans os coidados dunha casa, ter conta da filla do primeiro matrimonio... Hai outras sempre agoniadas, outras que talvez non acepten docilmente ficar na casa, limitarse á vida doméstica, outras coas que a vida promete ser un continuo sobresalto.

O encontro con Fernando foi un milagre. Talvez non houbese outro home así en todo o país, non eran así os homes. Un home que atendía ao que ela dicía. Primeiro as conversas, un contacto entre as mentes que era como se el achegase a man e tocase o seu pensamento. Antes de a tocar fisicamente. Despois o intre de se tocar. A nena agromando das noites de amor.

Se puidese lembrar a nena unicamente paseando polo Retiro no outono, un mes antes de nacer o irmán, tan linda coa súa capiña de inverno e un sombreiro. Ela colleu do chan unha folla de plátano e Conchiña admirou as cores amarelas e tostadas. Logo comezou a apañar follas secas doutras árbores, pradairos, castiñeiros de Indias, acacias, carballos, mostrándolle cada unha como un tesouro: "Outa, outa", dicía coa súa lingua de trapo. Despois baixaran ao Paseo del Prado e deu unha volta no carromato tirado por dúas cabras, chamado pomposamente tren infantil. Como ría! Lembrala admirando o neno no berce, afirmando con orgullo "é meu". Poucas semanas antes de enfermar, xogando co gato da curmá de Fernando, que non permitía que ninguén o tocase mais ficaba engaiolado coa nena.

Sabe o nome do inimigo que a matou, dinlle hidrocefalia aguda; quere esquecelo, borralo da memoria, mais non é quen. Ao contrario, foi el o que, logo de matala, fixo desaparecer as lembranzas anteriores. Só fica unha imaxe birolla, cos ollos afundidos e as veas do cranio sobresaíndo. E os saloucos, os espasmos. Todas as bágoas do mundo dentro da cabeciña da nena, premendo nas veas, esmagando o delicado cerebro. Alí onde xermolaba a mente que confiaba educar, o pensamento con toda a súa potencia, desenvolvéndose coas oportunidades que ela non tivo. Candonguita, Conchiña, Candonga, nomes de mel nos beizos. Cando escribira uns anos antes o poema ao pai, sabía a aflición de perder un pai, mais non podía imaxinar esta pena, a amargura imposible de estiñar.

Mi triste figura
no ha de ser a tus ojos conocida;
sabe Dios la amargura
que lleva por su daño el alma herida.

Non é natural morreren os fillos antes da nai. Inxusto, morrer unha nena de vinte e oito meses. Como pode Deus permitir esta transgresión? Foi en xuño, as roseiras rebentando na Rosaleda, os sabugueiros en flor nas corredoiras de San Salvador de Leiro, tan amadas, cando aínda vivía o infortunado pai. Unha nena non debería morrer desdicindo o esplendor das flores. Luisa, a irmá máis vella da Visitadora, morrera en novembro, non moito despois do pai, cando a Armaño e a Liébana xa chegara a neve. Que facer coas chambriñas que cosera con mimo, ela que non adoita mudar a pluma pola agulla. Bordara o nome de Conchiña a punto de cruz nuns babeiros que lle anoaba ao colo para tomar o chocolate. Resístese a dárllelos a outras; fican envurullados en papel de seda no fondo dos baúis gardados na casa de Pilar Matamoros; mentres estean alí, son unha esperanza nun regreso imposible. A meniña amortallada nunha saba de liño do enxoval, dentro da pequena caixa branca, unha alfaia no seu estoxo. Non pesaba nada.

Co insomnio dá en matinar se talvez a morte da filla fose un castigo polos seus pecados. É pecadento quedar preñada antes de casar. Aínda que peor é quedar preñada e nin sequera casar despois, como fixera a nai. Porén o pracer, inesperado, ao achegar pel a pel, as mans de Fernando acordando os seus peitos, a éxtase que vén das caricias, proban non ser certo o que con arrogancia escribira aos vinte anos nunha carta a Manuel: "Serei o único ser humano que foxe do pracer e ama a dor?" Foi ao encontro do pracer, tan breve. Mesmo se despois cómpre pagar o prezo.

O párroco de San Ildefonso non quería casar dúas persoas que polo traxe representaban case o mesmo sexo.

—Di o Deuteronomio que a muller non pode levar roupa de home nin o home vestidos de muller —aseverou mirándoa en fite—. É unha abominación.

Por fortuna descoñecía que ela estaba con filla, só tiña unha falta. Se non, cantas pauliñas ía escoitar. Houbo pedir un vestido prestado á cuñada do seu amigo Salustiano de Olózaga; negro, había tempo que non vestía outra cor. Pecadento ocultar por todos os medios a data de nacemento da nena, para que ninguén botase as contas. Unha nena sen data de nacemento ten existencia só a medias, vive unha vida de empréstito. Ten data da morte, o sete de xuño de 1851. No entanto, o párroco de San Sebastián non protestou pola forma de vestir da nai. Un funeral non é unha voda, a roupa ten menos importancia, con tal de ser negra. Se non a hai, haberá que tinxila. Presidírano Fernando e mais ela con traxes que representaban case o mesmo sexo.

No cemiterio da parroquia de San Sebastián, a carón da igrexa, están soterradas a súa nai e a súa filla. Poucas veces foi visitar a tumba da nai, a morte non a reconciliou de todo con ela, hai herdanzas que levan espiñas. Si camiñaba até o pequeno cemiterio para ver a da nena. Sen llo dicir a Fernando, ás agachadas, como se fose cometer unha mala acción, un pecado máis. Por non desgustalo, por non avivar as lembranzas. Os síntomas da tise xa estaban dando a cara. Termando da esperanza, quedando preñada unha terceira vez, agardando que o neno —ou a nena, canto desexou unha nena— turrase por Fernando cara á vida. Todo en van.

A nena continúa chorando ás noites.

O MUDO CORO DAS MALAS MULLERES. ANTRE OS PINOS

Pobres de nós! Chora, muller: escoitamos os teus queixumes. Só nos é dado lamentarnos en silencio. Canta: escoitamos as túas mágoas.

Pilloume antr'os pinos soa
alba de medo tornei;
quixen fuxir mais non puiden,
é o señorito: ben sei.

Antre os pinos soa. Pilloute soa.

Máis ruíns que os lobos son algúns homes.

Os lobos poñíanme medo, sobre todo á noitiña. No inverno, ao baixar de Regoelle polo monte, ía camiñando cara atrás, non fosen collerme por sorpresa. Máis dunha vez houben tropezar coas raiceiras e bater no chan. De inverno cae a noite a primeira hora, entre os pinos non hai luz ningunha.

Antre os pinos soa. Máis ruíns que os lobos.

Pregáralle de xeonllos,
supliquei por compaixón;
tremín como a vara verde
qu'estremece a virazón.

Pobre de ti! De xeonllos, tremendo. Sen luz ningunha. Antre os pinos.

Por máis que intentaba saír da casa da avoa con luz, ela teimaba en me reter:

—Aqueliña! Pon o cantarolo do mel nun prato con auga. Non vaia encherse de formigas.

—Perda coidado, mamá Liduvina.

Agora penso que inventaba quefaceres para non ficar soa. Talvez había algo que lle poñía medo, mais non eran os lobos.

O que nos poñía medo antre os pinos. Non sempre os lobos.

Tres días á semana subía a Regoelle cun cesto preparado pola miña nai: manteiga, broa, leite mazado se o había, ás veces mel. Amolábame camiñar máis de tres leguas por aquelas toxeiras do Xallas, os corvos pairando sobre a miña cabeza, sobre todo á noite.

Ou da terra de Xallas, feros corvos, que vagantes andás. Pairando sobre a túa cabeza.

Cal quen teme ser oída
dixen: Pídocho por Dios!
Estás fresca!, contestoume,
vente a min con oracións!

Pobre de ti! Nin Deus nin compaixón.

Subindo, se non chovía, as uces debruzaban ramallos púrpura nas corredoiras. Até os toxos eran fermosos á luz do sol.

Quen me dera ser meu irmán Francisco, sachar nas leiras, agardando que Dalmiro, o máis vello, mandase cartos desde Cuba para mercar unha pasaxe.

—Eu tamén quero ir para a Habana...
Uces da terra de Xallas, uces, deixádea pasar!

Abonda xa d'oración,
porque de min non te libran
nin Dios nin o demo, non.

Pobre de ti! Nin Deus nin o demo.

Mais facía cinco anos, desde o da gran fame, que Dalmiro marchara a Cuba e os cartos non chegaban. Francisco prometérame que cando el estivese alá xuntaría diñeiro para pagar a miña pasaxe. De todos modos, cumpría agardar uns aniños, con catorce era demasiado nova para embarcar. E a nai? Que diría a nai?

Que diría a nai? Que diría? Uces, deixádea pasar!

Como o raposo non ceiba
a galiña que pillou,
até zugarlle o mel todo,
non deixa a flor o abellón,
nin o señorito larga
até desfacerme a flor.

Uces da Ponte Arantón, non toqués-l-os seus vestidos! Que dirá túa nai ao chegares! Que dirá!

A Habana, 7 de febreiro

Querido Baldo:

Espero que ao recibo da presente te encontres ben.

Prégoche non digas nada na casa do que aquí che conto. A miña nai escribinlle dicindo que estou ben e pouco máis. Que aínda non podo enviar cartos para mandar vir Francisco. Ben sei que na casa non saben ler, como non sabía eu antes de vir para aquí, e que terás que lerlla ti, mais a ela gústalle gardar o papel e, polo que di na que che ditou, bicar nela e gardala no peito.

Como vou, mesmo se tivese os pesos da viaxe, mandar por Francisco para que viva como un escravo?

Botoume a man, como unha escrava, agarroume pola forza. Mi madre, valédeme; valédeme por Dios! Rachou a camisa, apreixou os meus peitiños, tan brancos, mordeu neles. Auxilios! Auxilios!

Lévenm'os demos, s'agora
m'has de volver a escapar;
nin outra vez, com'anguía,
te m'has d'escorrer das mans.

Mi madre, valédeme; valédeme por Dios! Dos férridos e duros, imbéciles e escuros. Valédeme!

Correndo fun a Regoelle, á hora en que cantan as ras. Soíña e leda aos piñeirais de Morás. Volvín descabelada, decaída e sen solaz. Era noite, so os pinos de Morás.

Silvasmouras, silvasmouras,
que nas fondas correduiras,
estar soés de Bergantiños:
non me mirés con espanto,
nin vos fagades preguntas;
o combate fora rudo,
foran as tristezas muitas.

Non me fagades preguntas. A dor, o sangue escoando polas pernas. O riso triunfante do señorito.

Pobres de nós! Decaída e sen solaz. So os pinos de Morás.

Foran as tristezas moitas. Meu pai, ao encontrarme con fillo, botoume da casa. O meniño ao hospicio, eu muller da rúa, que outra cousa? Despois en prisións.

S'alguén por min preguntar,
dille que estou en prisións;
e unha nuite de luar,
iraste unha vés pousar,
no campanario d'Anllóns.

Pobres de nós! Dille que estou en prisións. Chora connosco.

CHOCOLATE

Hoxe é venres, non pode haber confusión porque o venres é día de xaxún e tamén de misa. Unha soa comida en todo o día, daquela non hai sopa á mañá, ou o que as monxas chaman sopa, unha beberaxe augacenta. O tempo das presas transcorre a toque de campá: ás cinco e media, unha madalena vai por todos os dormitorios abaneándoa e se unha non sae da cama decontado, achégase e repenícalle no oído até deixala xorda. Con todo, máis vale apurar, erguerse para non ter que agardar a que quede libre a latrina ou correr o risco de que se esgote a auga das xerras no aseo común. Pódese intentar ir aos aseos dos outros dormitorios, mais as mulleres miran mal a intrusa, poden darlle un empurrón ou rabuñala. A esta hora hai poucas monxas vixiando e as liortas pasan sen castigo, mellor así que non empezar o día levando unha malleira. As seis están indo en dúas fileiras cara ao oratorio para oír misa e contestar ao cura palabras que non se entenden e resultan difíciles de aprender de cor, a non ser as máis curtas que se repiten: a *dominus vobiscum* teñen que responder *et cum spiritu tuo*. Ou amén. Finalmente, volvéndose cara a elas, el di: *ite, missa est* e elas contestan *deogracias*, é fácil por ser o nome dun veciño, aínda que non comprende por que serve para acabar a misa. Saen en orde volvendo ao refectorio en fileiras xunto á parede. No refectorio, ás oito, ou iso din porque non hai como saber a hora, a sopa do almorzo, e despois volta ao dormitorio e limpeza por quendas. Uns días tócalles o dormitorio a unhas e os aseos a outras. Hai quen deixa o chan limpo, hai quen mata a cóbrega facendo que fai porque non lles importa vivir no medio da sucidade. O peor é limpar as latrinas, unha condenación. Despois a traballar, xaxún ou non.

Hoxe, como deben xaxuar de bo grado ou por forza, no canto da sopa hai un líquido negro que chaman chicoria adozado cun nadiña de mel. Ten o xaxún o propósito de poñer as reclusas a ben con Deus, que perdoe os seus pecados? É difícil crer que o Señor sexa vingativo. Que pode importarlle a fame dunhas prisioneiras durante todo o venres? Non sabe por que, o sabor amargo da beberaxe faille lembrar o día do chocolate, aínda que o chocolate sexa o máis delicioso e a chicoria abondo desagradable.

Chamaran a nai para que lavase a roupa da casa na rúa Real en 1854, cando o cólera; as primeiras semanas ía soa. Ela fixera sete anos en agosto. Un deses xoves —o xoves era o día de devolver á rúa Real a roupa limpa e pasada a ferro, e recoller a sucia— acumulara tamén a da señora Ignacia, que adoitaba devolver os martes. Esta dos martes era moi desconfiada, sempre contaba as pezas sucias, e cando llas entregaban limpas, ía comprobando nun papeliño, como se súa nai fose roubar algunha! Foi a señora Ignacia quen lle pediu que a levase outro día; Encarna desgustouse, era moita roupa a de dúas casas. Daquela acompañouna, a nai coa cesta na cabeza, onde levaba a da rúa Real, sabas e manteis de liño que pesaban un mundo, mandís, camisolas e outras pezas miúdas que a Sisca lle parecían moi lindas, ela co envurullo da señora Ignacia nun pano, o primeiro que entregaron.

A impresión ao entrar naquela casa do número 56 foi grande. Nunca vira teitos tan altos, madeiras relucindo, mobles tan impoñentes. Unha moza con cofia fíxoas pasar cara ao interior. Na cociña cabería a súa casa enteira, o chan era un lousado branco e negro, unha lareira ocupaba toda unha parede e, a carón dela, unha cociña de ferro, que vía por primeira vez e lle pareceu asombrosa, non era preciso encrequenarse para cociñar; despois aprendería que eran chamadas bilbaínas. Fronte á lareira, unha porta aberta daba á despensa. Ulía a guisos e algo que non puido identificar. Unha muller afanábase nun recanto do fogón de ferro facendo xirar coas mans un pau nunha pota de forma especial. Tomouna pola dona da casa, sendo tan guapa e elegante. Levaba un vestido negro, dunha tea lixeira e brillante, e por riba un mandil branquísimo, dos que se meten pola cabeza e teñen tea diante e detrás; coñecíaos ben por lavalos no río e ver como a nai os pasaba a ferro, rosmando á conta dos volantes. Chamáronlle a atención os zapatos, de veludo verde escuro e punta cadrada, tan distintos das zocas que calzaban Encarna e mais ela, cando non ían descalzas, dos borceguíns das señoras que vía na rúa. Volveu a cabeza, saudando a nai cunha expresión riseira. O cabelo louro, recollido nunha trenza enrodelábase na noca, mais non levaba cofia; nas orellas lucía uns pequenos brincos de ouro. Mandoulle á moza que recollese a roupa das mans de Encarna, e levou a pota de barro a unha gran mesa de mármore branco que ocupaba o centro da cociña, pousándoa sobre un pano dobrado. Foi entón cando se decatou da presenza da nena:

—E quen é esta meniña bonita? Como te chamas?

Ela calou, por pura vergonza, e foi a nai quen contestou:

—É Francisca... Sisca.

—Sisca! Daquela chámase coma min. Na aldea era Sisca ou Farruca. Foi a señora Juana María, cando entrei ao seu servizo hai vinte anos, quen me empezou a chamar Paquita. E con Paquita quedei.

Verteu o contido da pota, aquilo que ulía de forma distinta e era espeso e marrón como lama, nunha xerra de louza azul e branca. Despois, dirixíndolle un sorriso, preguntou:

—Sisca, gústache o chocolate?

Foi Encarna quen respondeu:

—Nunca o catou.

—Queres repañar o que hai na chocolateira? Mira que está aínda quente, non te vaias queimar, douche un pano para termar dela. Ven, senta aquí, eu teño que levarlles o chocolate a eses señores.

Mirou para a nai, que sempre ía apurada para facer o seguinte, e ela asentiu coa cabeza. A señora Paquita tirou un pano de mesa branco dun caixón para llo anoar no colo. Púxolle diante a chocolateira, un pano para suxeitala e unha culler; despois colleu a gran bandexa na que estaba a xerra azul e branca, catro ou cinco cuncas da mesma louza, culleres e panos de mesa, e saíu da cociña.

Meteu a culler con prevención, aquilo tan escuro lembráballe o sangue callado da matanza dun porco co que os agasallara unha veciña. Súa nai fritírao e non estaba malo, mais saber que era sangue dáballe un pouco de noxo. En canto puxo na lingua media cullerada decatouse de que nunca probara nada tan saboroso. A nai mirábaa sorrindo e non pensou até moitos días máis tarde que ela tampouco catara aquel doce, que puido compartilo.

Cando volveu a señora Paquita era imposible tirar máis nada coa culler. No pano que tiña anoado non caera nin unha pinga. Ela riu, e tomou dun prato a ferramenta de pau que usara para bater o chocolate.

—Aínda podes lamber o tarabelo. Vexo que che soubo. Que meniña tan xeitosa, non se manchou nada!

—É o máis rico que probei na miña vida —acertou a dicir.

—Merécelo, porque seguro que ti lavas canda túa nai, dixo mirando para as frieiras nas súas mans. Non si? Por iso está tan branco o meu mandil, os manteis e as sabas.

—Lava, lava —dixo a nai, aquelando a roupa sucia na cesta—. Axúdame moito.

A señora Paquita puxo unhas moedas na man de Encarna, o pago pola roupa. Abriu unha lacena, tirou dela unha caixa de lata con debuxos e ofreceulle unha rosquilla a Sisca.

Ela deulle as grazas e botouna no peto.

—Non a comes? Fíxenas eu.

—Gárdoa para os irmáns… Eu xa comín o chocolate.

Ela fixo un aceno que Sisca non soubo interpretar, pestanexando, colleu o pano que lle atara ao colo e envorcou nel case todas as rosquillas da lata. Despois atou as puntas e deullo a Encarna.

—Así hai para todos.

Nunca poderá esquecer o día en que coñeceu a señora Paquita, tan querida.

—É a dona da casa? —preguntoulle á nai na rúa.

—Non tal. É a muller de confianza da señora Juana María. Non oíches que leva vinte anos servíndoa? Son moitos, debeu empezar ben noviña, con catorce ou quince. Pensei que tiña menos.

Encarna debía estar calculando a idade, que era uns dez anos máis que a súa, aínda que non se vía tan estragada. Nada estragada, senón moi linda.

—Eu nunca falei coa señora Juana María —dixo—. É viúva. Se leva tanto tempo, debía estar con ela cando morreu o seu marido.

—Cando sexa máis vella quero ser como a señora Paquita. Servir nunha casa onde haxa unha cociña moi grande. Vostede cre que se traballo moito poderei, mamai?

Non respondeu, unicamente sorriu co seu sorriso canso. Sabía mellor ca ela que os camiños da vida son difíciles e cheos de atrancos. En realidade, o que Sisca estaba dicindo é que non quería traballar de lavandeira, nin parir un fillo cada ano e que morresen a metade, que esperaba non levar unha vida tan dura como a dela. Como se dependese da vontade dunha rapaza e non dun destino que alguén lle escribe na fronte ao nacer, ou así din.

O recordo dese día vai unido ao sabor do chocolate. Se hai ceo, os anxos e os nenos que morren e se converten en anxos, como o seu irmanciño Xaquín, comerán chocolate todos os días. Non pensa moitas veces no ceo, mais cando ocorre represéntao como a cociña da señora Paquita, un espazo grande e luminoso, con cazolas resplandecentes, panos brancos, limpeza e moita comida. Aínda que segundo súa nai a cociña e a casa eran da señora Juana María, non cre que esta entrase moitas veces nela. Probablemente nin sequera sabería preparar chocolate ou facer rosquillas, e Paquita si. Tampouco cociñar papas de millo para os nenos. O certo é que a cociña era o reino da señora Paquita ou, en todo caso, de Dolores, a cociñeira, que encontraría en visitas posteriores.

Seguindo os consellos da señora Paquita, malia o xaxún, hoxe imaxinou ras. É un de maio, as ras están alborotando as charcas co seu croar. No río unicamente saían ao luscofusco, despois de as lavandeiras marcharen. O canto das ras alegra o corazón: anuncian o verán, os días longos, a luz. Cos seus irmáns, ás veces, apañaban cabezolos, para velos sansanicar a cola. Despois devolvíanos á auga. Non ten sentido manter cativos uns seres nacidos para vivir en liberdade.

PAN E VERMES

Coruña, 23 de outubro de 1863
Sr. Don Jesús de Monasterio, Madrid

Meu querido amigo:

Se a carta de Vde. fose máis curta, contestaríalle antes, e dareille a explicación disto porque a necesita.

Unha carta de oito páxinas, e de persoa a quen tanto lle custa escribir, é unha proba de amizade que eu apreciei no que valía e á que quería corresponder con outra igual. Para isto agardaba un día no que o mal humor non fose moito, nin a ocupación tampouco, e ese día non chegaba nin chegou, porque o baleiro que deixou o meu tío Manuel non se enche, a saúde deixa moito que desexar e a miña querida amiga a condesa de Mina perdeu a semana pasada unha persoa que tiña con ela hai vinte e nove anos, e a quen quería como a unha irmá. Foi unha enfermidade tan terrible e unha agonía tan horrenda que se necesita máis insensibilidade ou máis forza da que eu teño para non quedar rendida.

E por que espero para escribirlle a Vde. en tan mala ocasión? Porque me remorde a conciencia, e como me pregunta se irei logo a Madrid, direille que irei moito antes do que pensaba, porque fun nomeada e aceptei o cargo de Visitadora de Prisións de mulleres, e en Madrid hai unha.

Moito, moitísimo celebro os triunfos musicais de Vde. en Asturias e comprendo como debe conmover un ser tan impresionable como vostede o entusiasmo que excita no público.

O artista ve a humanidade polo lado máis fermoso. Que diferenza entre o camiño de Vde. e o meu! Até agora vivín coa desgraza, agora vou vivir co crime.

Vexo que a súa casa se converteu nunha colonia de Liébana, agora acabará Vde. de se perfeccionar. Alegrareime de que á súa irmá Dª Ana lle probe ben Madrid, que creo que si, principalmente por se ver libre das faenas domésticas, tan pesadas en Potes. Fágalle vostede presentes os meus afectos, o mesmo que á súa nai, e créame sempre a súa cordial amiga e paisana.

CONCHA

Vivo Ferrerías, 12

A amizade fai máis levadías as penas. Se as amigas teñen un común propósito, o empeño de mudar a situación dos presos, a das propias prisións, mesmo parecendo un fin inalcanzable, pode escorrentar a melancolía, á que a Visitadora é dada por natureza.

Con todo, Juana María ten nestes días os ollos encarnados, o ánimo baixo.

—Ás veces non te decatas do moito que lle queres a unha persoa até que estás perdéndoa. Paquita é unha muller excepcional, marabillosa. Non sei que sería a miña vida todos estes anos de non ser por ela. Non imaxino que vai ser de min. Eu son quince anos máis vella, debería ir por diante...

Crébaselle a voz, non pode seguir. Á Visitadora estráñalle este dó por unha serventa. Non é unha filla, unha irmá.

Porén, é certo que as poucas veces que tivo ocasión de falar con Paquita comprobou a súa bondade, a súa harmonía, mesmo a cultura, insólita nunha criada. Os camiños dos sentimentos son inescrutables.

É fácil namorarse dunha cidade como A Coruña; para a Visitadora a contemplación do mar podería substituír a comida. Saír da casa, camiñar polo baluarte do Parrote, o aire baténdolle na cara, levando teimas. Porén, mal contaba ao chegar á cidade encontrar unha situación tan penosa. Desde o ano do cólera a pobreza era moita, os mendigos enchían as rúas, ás noites víanse durmindo nas escalinatas das igrexas. Próbao a ordenanza municipal que prohibe pedir esmola nas rúas, camiños, portas dos templos e das casas. A veciñanza da Coruña, como a de toda Galicia, dá pan a quen vén pedir pola porta, é un antigo costume e oxalá non mude. Decote as prohibicións certifican a realidade, ou así o cre a Visitadora. E de non ser por Juana María de Vega, condesa de Mina, o estado das cousas puido ser peor: na cidade deserta, foi das poucas persoas que tendo a onde fuxir e os medios para viaxar non o fixo, poñéndose á disposición de José Pardo Bazán para a asistencia aos infectados polo cólera. Recibira o encargo da dirección do hospital provisional e, acompañada da fiel Paquita, ía dunha cama a outra, atendendo os doentes, sen temor ao contaxio. Non faltou quen a criticase por ser —segundo eles— contrario á modestia que unha muller coide dos homes enfermos; que fai unha muller no medio das camas dos homes? Sempre hai espíritos ruíns que gozan rexoubando de quen actúa, procurando as físgoas por onde escaravellar. Cando a Visitadora publicara, había dous anos, o ensaio sobre *A Beneficencia, a filantropía e a caridade*, dedicárallo á condesa aínda sen coñecela. O seu papel no andazo do cólera, as súas críticas ao Concello pola xestión do

Hospital da Caridade, testemuñaban o seu valor, a súa teimosía na denuncia dos corruptos.

E a súa actuación no escándalo do pan? Pois no Hospicio da Coruña, como noutros establecementos públicos adoitaba contratarse o fornecemento con especuladores. Cocer pan bo é incompatible con enriquecerse á custa dos hospicianos. O pan era de tan mala calidade que a condesa, no seu cargo de viceprotectora do Hospicio, fixo presente ao gobernador as deficiencias, mais el insistiu en que debía aceptarse o pan tal como era servido.

Vista a obcecación da autoridade, Juana María fíxoo analizar polo doutor Antonio Casares, profesor de química da Universidade de Santiago e, coa análise na man, solicitou audiencia ao gobernador para unha comisión da Asociación de Señoras de Beneficencia.

—Co debido respecto, permítome trasladarlle este informe da Universidade de Santiago de Compostela. Na análise detectáronse ingredientes que non deberían formar parte do pan, menos dun pan que se dá de comer aos meniños.

Á autoridade anóxaa que veña unha señora, que debería estar na casa, ocupada en asuntos domésticos, para tomarlle a requesta, e non se esforza en ocultalo. Será que como esta señora no seu momento non tivo fillos e non ten netos, encobre as súas frustracións atusmando nos asuntos da política. Para máis é liberal, dise que azuou o levantamento do 46.

—Agradézollo —di percorrendo coa vista o informe, onde palabras como relón e vermes se mesturan con termos técnicos que non coñece nin se lle dan un allo—. Mais eu dei orde de que me trouxesen unha mostra e víase ben que o pan era bo.

A condesa é destemida, mais sabe cando é o momento de retirarse sen entrar nunha retesía.

—Inútil empeño —dille á secretaria da asociación, Amalia de la Rúa— o de convencer a quen non atende ás probas. Que resposta pode haber para autoridade tan ignorante ou tan esquecida do seu deber que, cando a ciencia di que un alimento é malo, replica que el ben ve ser bo?

Podía ser que o gobernador non quixese recoñecer que a asociación de señoras levaba razón e despois emitise provisións para mellorar o pan. Mais pasado un mes, o pan non mudara. A condesa, en presenza de dous vogais da Xunta Municipal de Beneficencia, integrada por homes e por tanto menos sospeitosa para as autoridades, tomou un pan, dividiuno e remitiu unha metade selada á Real Academia de Medicina de Madrid para unha análise. Pois tamén hai entre os próceres da cidade unha tendencia a desprezar o propio e non dar creto aos científicos de Santiago, ao cabo unha universidade provinciana, en comparación cunha Academia de Madrid, Real por máis datos. O resultado das análises foi idéntico ao de Santiago: o pan estaba amasado con fariña de orxo avariada e relón en proporcións inadmisibles; ademais tiña restos de vermes e ovos de insectos, dos que seguramente nacían aqueles.

Sendo inútil de todo punto enviar ao gobernador un informe igual ao que xa desprezara, e arrostrando as súas iras, Juana María remitiu as análises ao ministro da Gobernación, xunto cunha mostra do pan. Anticipaba que a resposta non sería inmediata, mais nas leas coas administracións cómpre ter paciencia. Logo das demoras propias de todo expediente, o ministro telegrafou:

Excma. Sra. Condesa de Mina:

Da miña maior consideración. Neste momento ordénase ao Gobernador Civil da Coruña para que mude o pan do Hospi-

cio custe o que custe. Imponse así mesmo unha multa de 2.000 reais ao contratista.

S. S. Excmo. Sr. D. José de Posada Herrera. Ministro da Gobernación

Enganábanse a condesa e o ministro se pensaban que estes mandatos ían ser efectivos. Malia as ordes, o gobernador non puxo remedio ningún; Madrid ficaba lonxe, ou así parecía, e o ministro tería máis asuntos en que se ocupar nestes tempos turbulentos que dun asilo de expósitos dos que as tres cuartas partes morrerán de calquera modo antes de acabar o ano. Co que talvez non contaba era coa teimosía de Juana María.

Pasados quince días desde a chegada do telegrama e sen que o pan mudase, en corenta e oito horas ingresaron no hospital cincuenta e seis nenos do Hospicio. A condesa, no seu papel de viceprotectora, enviou un oficio aos médicos para que declarasen se, ao seu xuízo, a doenza podía deberse ao pan. Todos coincidiron en que era probable: uns ás agochadas, outros abertamente. A condesa remitiu copia dos oficios dos médicos ao gobernador, pedíndolle permiso para fornecer de pan o Hospicio, facéndose cargo do custo. O gobernador, sen contestar, reuniu unha comisión de facultativos para visitar o Hospicio e analizar o pan.

Ao cabo de varias semanas, Juana María tomou a decisión de dirixir un escrito á súa maxestade a raíña, da que fora aia, e un telegrama ao ministro, dicíndolles que o mal continuaba. Finalmente o gobernador foi separado do cargo e a Asociación de Señoras presentouse como contratista para fornecer de pan a todos os establecementos de beneficencia da cidade. Desde entón os hospicianos comen pan bo e barato. A Visitadora admírase da audacia da condesa, a quen agora chama Juanita, un nome reservado ás íntimas.

Para Juana María non é novo participar nos asuntos públicos, respirouno desde nena nunha casa na que a Constitución de 1812 fora acollida con xúbilo. O seu pai defendeu a reforma do clero e a abolición do décimo, que obrigaba a entregar á Igrexa a décima parte de colleitas, pesca ou calquera produto. No Café da Esperanza reuníanse algúns coruñeses para dar auxilio aos artesáns da cidade, mais os inimigos da liberdade alcumáronos maliciosamente o Club dos Xacobinos, suxerindo que ían facer rodar cabezas baixo a guillotina. Por desgraza, o regreso do rei en 1814 deu azos aos que vían perigar os seus privilexios.

Non pode Juana esquecer o día, aos nove anos, cando nas tebras da noite un xuíz e un escribán atropelaron a casa como se se tratase da cova dun facinoroso. O pai, para evitar o arresto, marchara a Arteixo coa escusa de tomar os baños minerais, sendo a nai, Josefa Martínez, a quen apenas permitiron vestirse, quen os conduciu ao escritorio, onde revolveron cartas e documentos, e levaron os que lles pareceu. Quen podería durmir despois dun asalto como este? Juan Antonio de la Vega sería arrestado ao seu regreso, aínda que, por causa de enfermidade, non foi conducido ao castelo de Santo Antón. Impuxéronlle unha multa de seis mil pesos, cento vinte mil reais, unha fortuna, e quedou desde entón suxeito a vixilancia. Perseguidos os leais á Constitución, upados os traidores, fixo presa nel o desánimo e retirouse á casa de San Pedro de Nós, a legua e media da cidade. Tendo Juana dez anos, en setembro de 1815, participou co heroe da guerra contra o francés, o mariscal Díaz Porlier no pronunciamento a favor da Constitución. Traizoado por un sarxento, Porlier foi enforcado no Campo da Forca aos 27 anos. Juan Antonio de la Vega debeu exiliarse a Portugal durante un tempo.

Juana lamenta a destrución dunha carta sobre o heroico Porlier que escribira daquela a unha amiga imaxinaria. Todo o seu afán era explicar que non fora traizoado polo pobo que defendía, senón por uns militares. Porén, Josefa queimouna, por ser comprometedora de máis. Así fican algúns fragmentos da súa vida, reducidos a cinzas, desaparecidos como os restos de Porlier, que os absolutistas tiraron da súa tumba na capela de San Roque e soterraron en lugar descoñecido no cemiterio de Santo Amaro. Nin sequera é posible honralo cun ramallete de flores.

Se Juan Antonio ficou estreitamente vixiado, peor era a sorte de catro oficiais colaboradores de Porlier, presos no castelo de Santo Antón agardando a pena de morte. Josefa axudounos a escapar do calabozo, mais debían agardar ocultos polo barco que os levaría ao estranxeiro. Foi Juanita a encargada de levarlle en segredo cartos a un deles, agochado na casa da viúva que lle daba clases de costura. Puntada a puntada, fíos tecendo redes de cariño e apoio no medio da desgraza.

A Visitadora agarda o intre de poder iniciar o seu cometido nos cárceres. A primeira será a Galera, da que tantas e tan infames historias escoitou. Matinar no cárcere é escaravellar nas feridas mal cicatrizadas, renovar vellas amarguras. Oh, pai desventurado! Prisioneiro dos franceses por dúas veces durante a guerra, conseguira fuxir e defender valorosamente o seu país. Porén, o regreso dun rei proclamando con fachenda que o seu real ánimo era declarar nula a Constitución levouno a caer en desgraza, pola súa fidelidade á Constitución mesma e ás ideas liberais. Ángel foi condenado "a castelos" en xuño de 1820, o ano en que ela naceu, aínda que a sentencia fose suspendida. Arrepía imaxinar o que puido penar naqueles sinistros calabozos. Tres anos despois, a partir da chegada, a petición do rei Fernando traizoando unha vez máis a súa palabra, dos cen mil fillos de San Luís, desencadeouse a expulsión dos oficiais leais aos valores constitucionais. Outros, sen ser militares, deberon exiliarse temendo represalias, como Juan Antonio de la Vega, que marchou a Lisboa acompañando a Juana María, da que o marido estaba exiliado en Inglaterra. A sucesivos desterros debe a condesa falar tal número de linguas, portugués, francés, inglés, ademais de castelán e galego, o que asombra a quen non é capaz de falar máis dunha. Así perdía o país os fillos máis fieis e aínda haberá que dar beizóns porque non se restaurara a Inquisición, como esixían absolutistas de corte intransixente. Coitado Riego, aforcado e despezado como unha res á vista do populacho!

Ángel, cesado do seu cargo, foi enviado ao retiro indefinido aos trinta e tres. Morrería en San Salvador de Leiro cinco anos máis tarde. O papel das inxustizas na súa quebrantada saúde é difícil de enxergar; pasado o tempo ela non sabe con certeza a que foi atribuída a morte. Consunción pode significar moitas cousas distintas, ningunha boa. A súa desaparición privou a Concha dun guieiro no difícil camiño da aprendizaxe intelectual, debeuse converter en mestra de si mesma. Mais na ferida hai unha memoria gravada a lume: lei e xustiza non sempre camiñan da man. Hai malas leis, hai malos homes dispostos a executalas, hai condenados pola lei máis inocentes que os executores. Case medio século despois da morte do infortunado pai, a Visitadora pregúntase por que están presas as condenadas na Galera, que propósito ten o encerro, se as condicións do cárcere seguen sendo inhumanas. Ten a esperanza de responder algunha desas preguntas coa axuda de Juana María. O pan da xustiza debería estar amasado con fariña, mais nel agóchanse vermes.

CINZA E CEBOLA

Ás nove en punto, levando a pé tres horas e media, e anunciada polo repenique da campá, chega a hora do traballo, así chamado como se limpar as latrinas non dese fraterna. Á mañá, os días de coada, unhas lavan a roupa das presas, das monxas e gardas, do alcaide e talvez algunha máis, é dunha calidade que non se ve na Galera. Outras, nun alpendre do patio que fai de curtidoiro e fede que alcatrea, limpan pelicas. Dúas ou tres, seleccionadas polas monxas, baixan á cociña para fregar potas e cazolas. De momento a Sisca correspondeulle lavar a roupa, vendo as monxas que tiña experiencia; non hai queixa. Mellor lavar nos lavadoiros do patio que no río; polo menos non precisa axeonllarse.

Durante anos traballou moitas horas de xeonllos. Talvez a culpa fose dela, por desexar en alta voz servir nunha casa onde houbese unha cociña grande, sen especificar que a casa debía ser a da rúa Real. O ano en que naceu Xaquín, ela tiña nove, a señora Ignacia, a dos martes, perdeu unha criada que casara preñada aos quince anos e propúxolle á nai que Sisca entrase a servir con ela de día, non interna. A nai quería e non quería; por unha banda, na casa sempre facían falta os cartos, mesmo os cativos seis reais que lle ían dar cada mes, pola outra, precisaba a súa axuda no río e co pequeno. Ao final acordaron que traballaría na casa da señora Ignacia ás mañás e volvería á casa para o xantar e seguir axudando á nai polas tardes. Para a patroa, seca e amarrada, resultaba vantaxoso, pagáballe menos e non tiña que darlle de comer; segundo lle escoitou en varias ocasións, tiña por certo que todas as criadas comían de máis. Dela non o podía saber pois nunca lle ofreceu nin un codelo reseso. Ninguén preguntou a súa opinión, nin a deu: sabía que non contaba. Non todas as rapazas da súa idade realizaban labores tan penosos, Carmela, a filla da veciña, a nena máis bonita da rúa, axudaba á nai na casa e nada máis; o seu pai, oficial nunha carpintaría, gañaba bos cartos.

As máis das horas pasadas naquela casa traballaba de xeonllos ou así llo parecía. Todos os días tiña que refregar o piso de madeira con cinza e area. A cinza é o que mellor limpa, sexa madeira ou roupa, coa auga muda en sosa cáustica, segundo lles oíu ás lavandeiras, tirando as manchas "do branco". Mais cando lavaba manteis ou sabas, disolta en moita auga, non lle desfacía as mans como na casa da señora Ignacia. Axeonllada, logo, de mañá, fregando o piso cun estropallo, uns fíos de esparto medio esfiañados que a señora Ignacia se resistía a mudar por uns novos, pois aseguraba que ela comía os estropallos, axeonllada de tarde no río. Nin a casa da señora Ignacia era tan elegante como a dos xoves, nin as madeiras do piso relucían, só lles botaban cera unha vez ao mes. A cociña era grande, menos que a da rúa Real, máis escura e morriñenta. E sobre todo naquela casa non había ninguén como Paquita, á que devecía por ver. Mais a señora Juana María, como soubo máis tarde, non contrataba rapazas até faceren quince anos ou máis.

Desde o día en que se coñeceron por vez primeira a señora Paquita e mais ela, intentaba sempre que podía ir coa nai á rúa Real. A partir dos oito anos ofreceuse a ir soa, malia o moito que pesaba a roupa. Non sempre viña ela recoller a coada, algúns xoves, era unha gran decepción, ía fóra, acompañando a señora da casa nalgún dos seus moitos labores, asistir doentes ou acollidos no asilo, ou presentar oficios ás autoridades. Eses días entregaba a roupa á moza da cofia, chamada Dominga. Era moi amable, ás veces incluso lle daba un anaco de bica, mais Sisca volvía á casa desgustada. Con todo, cría que a señora Paquita tamén facía por vela. Un día, cando levaba indo soa poucas veces, preguntoulle de socate:

—Sabes ler, Sisca?

Mirouna sorprendida. Como ía saber? Nunca fora á escola porque tiña que axudar na casa, e a da Peixaría fica lonxe. Súa nai non podería ensinarlle, tampouco lía.

—Vouche contar unha cousa: á túa idade eu non sabía. Cando entrei na casa da señora Juana María, con quince anos, tampouco. Queres saber como aprendín?

—Quero...

—Estaba encargada de atender a don Francisco, o marido da señora, que estaba maliño e non podía nin levantar os brazos, e de coser ou zurcir a roupa. Da casa, na aldea, mandábanme cada dous ou tres meses cartas que lles escribía o cura, mais non podía lelas e menos escribirlles eu. Antonia, a cociñeira que había daquela, si sabía ler; cada vez que chegaba unha, en pago de lerma e escribir de volta, tiña que fregar unha semana as potas e tixolas, a lareira, todo o da cociña, que era moito e sempre manchado de feluxe. Entendes?

Asentiu. Antonia pareceulle unha aproveitada, mais non se atreveu a dicilo. Paquita continuou.

—Un día estaba limpando a lareira de xeonllos e entra a señora Juana María. Que fas axeonllada, Paquita? Ese traballo non che corresponde a ti. Lémbroo como se fose onte. Conteille a razón e asañouse. Levanta de aí, dixo. Vou mercar un caderno e un lapis para aprenderes a ler e escribir. Mañá empezamos. As cartas que cheguen en tanto aprendes lereichas eu.

A señora Paquita tirou do peto do mandil un caderno azul, un lapis e un libriño, que co tempo ela chegara a repetir case de memoria.

—Nós empezamos hoxe.

Ese día aprendeu as vogais, *a*, de acio, *e*, de embigo, *i*, de ichavo, *o*, de ollo, *u*, de uces, e nada máis, pois tiña que volver para á casa. Estes non eran os exemplos do libro, escrito en castelán e ilustrado con debuxos, *a* de ala, *e* de elefante, animal descoñecido para Sisca, e que polo debuxo do libro, onde tiña un tamaño parecido ao acio que ilustraba *u* de uva, imaxinou ser unha especie de ratiño de longo nariz que unha podería aloumiñar no colo, coidando de non se magoar cos cairos. As outras palabras, as que non estaban no libro, ía imaxinándoas para ela a señora Paquita, que tiña unha querenza polas plantas; se as do *e*, o *i* e o *o* non eran herbas ou froitos, seguramente foi por non lembrar ningún que empezase por esas letras. Meses máis tarde, Paquita pediulle permiso á señora da casa para ensinarlle un gravado da súa colección, que moito a impresionou, dun xeneral chamado Aníbal e os seus soldados subindo por unhas montañas de a cabalo de elefantes. Puido ver que o elefante era máis grande que unha vaca e non digamos un ratiño. No fondo do debuxo había un elefante patas arriba, precipitándose desde un cumio, coitado!

Cando foi quen de recoñecer as letras, lían no silabario palabras. Algunhas delas resultábanlle descoñecidas, como "as ti lla" —Paquita explicoulle que era *racha*—; tamén "es pi ga" ou "in fa me". A última había escoitala moitas veces neste cárcere. Os libros estaban todos en castelán, agás *A gaita gallega*, da señora Juana María, que trouxo un día para leren uns versos; copiáronnos no caderno e Sisca aprendeunos de memoria:

Lembrádesvos da pomba do calvario
cando os regos van cheos como ríos
que do alto asolagan, e non voan
os paxaros, e tristes asubíos
arremedan os ventos que resoan?

Mentres, ás mañás, seguía refregando de xeonllos o piso da señora Ignacia, e soñando imposibles: que a señora Juana María, a quen nunca encontrara, entrase pola porta preguntando, que fas axeonllada, Francisca? Lembrouno hoxe porque houbo que limpar o chan durante máis tempo. Felisa e a monxa apremábanas, iso está moi porco; esa é Felisa, as monxas non adoitan falar así. Vai por auga limpa e volve fregar ese chan. Un chan de terra pisada, por moito que refregues, non é como os pisos de madeira. Os estropallos tan esfiañados como os da señora Ignacia ou máis, quen vai limpar con iso.

As presas din que tanta ansia de limpeza é por teren visita. Non sabe como flúen as novas dos gardas e monxas cara ás condenadas, mais os dixomedíxomes acaban converténdose en realidade. Seica vén un Visitador para inspeccionar a Galera. Será para vixiarnos a nosoutras, as malas mulleres?, pregúntase. E se encontra faltas, se non limparon abondo, que outro castigo poden impoñernos? Baterán en nós como fai ás veces Felisa cando está anoxada?

Mais o Visitador é unha muller. Chega a media mañá ao patio, hora de lavar. Vén acompañada da monxa superiora, sor Angustias. Sisca está retorcendo, para escorrerlle a auga, un mantel grande de liño, que pesa un mundo e non é das presas; non hai manteis nas mesas do refectorio. Ben pensado nunca comeu nunha mesa cuberta con mantel, aínda que a señora Paquita si anoou no seu colo panos de mesa brancos como o leite que arrecendían a mazás ou marmelos. Ao dar media volta para tendelo no arame, a Visitadora fítaa e pregunta:

—Cantos anos ten esta rapaza? Non debería estar noutro lugar?

—Quince —contesta sor Angustias—, é a máis nova. Desde esa idade están coas demais. Se poden pecar contra o Señor e cometer crimes horrendos aos quince anos, poden estar coas outras pecadoras e criminais.

O certo é que fixo dezaseis en agosto, mais non di nada. Tampouco, segundo pensa, cometeu crime ningún. Non sabe se cometeu pecados. Mais aquí non teñen dereito a levarlles a contraria ás monxas.

A Visitadora non é o que esperaba, nunca imaxinara que puidese ser unha muller; non enxerga como é posible para unha muller vixiar nada, nin sequera as condenadas. Debe ter corenta anos, as autoridades na Galera son máis vellas. Case tan alta como os homes, cabelo medio gris, medio vermello, partido no medio da fronte e recollido detrás. Sempre oíu que as mulleres rubias eran moi bravas, talvez esta o sexa, mais as súas roupas, serias e sen adobíos, non dan para pensar niso. Vestida de negro, cun colo branco e un lazo negro, iguais aos dos homes, e un gabán frouxo. Diría que non leva xustillo, tanto mellor para a muller que lle faga a coada, os corpiños con todas esas cintas e baleas son odiosos. Con todo, o máis extraordinario da señora son os ollos. Azuis moi claros, miran vendo, atravesan. Fítaa, como se preguntase sen falar, por que está aquí, que fixo; como se soubese o que está pensando, que ela non é quen de a xulgar. Aínda teimando en non apartar a vista, aborrece que esculquen nos seus adentros. Mais é unha ollada chea de mágoa. Non pode figurarse esta muller sorrindo. Nin sorrí, nin responde ao que di sor Angustias, tampouco na súa expresión hai nada que indique se concorda con que as rapazas pecadentas de quince anos estean amoreadas coas delincuentes. Vai cara ao alpendre onde curten as pelicas e escoita a súa voz. Aínda que non pode entender o que di, o ton é de desgusto. O de sor Angustias, de desculpa. Despois marchan. Adeus, Visitadora. Que vas dicir do que fixemos mal? Vas propoñer novos castigos?

Mais á hora do xantar aínda está no refectorio, observando con atención como van recollendo a galdrumada que lles serven e o anaco de pan. Está na fila, oe que lle pregunta a sor Angustias: é este pan como debería ser?

Ocórreselle unha idea disparatada: pode ser que a Visitadora estea aquí para vixiar os que vixían, non para axexar as condenadas? Parece un desvarío, mais doutro modo non ten sentido que pregunte polo pan. Aínda sen saber como debería ser o pan, seguro que non como este. Nin sequera o de relón que amasaba súa nai era tan ruín como o do cárcere; parece amasado con serraduras.

Ao saír do refectorio, camiño dunha lectura, chamada de piedade, que escoitan cada día, a muller que dorme á súa esquerda xunto á parede, a que nunca baixa a vista, colócase ao seu carón e ponlle algo na man. Ábrea e ve que é media cebola. Non sabe o que significa.

—Cómea! —bisba—. É para non te caeren os dentes.

Aínda sen entender o que di dos dentes, cómea ás agochadas, matinando de onde puido sacala. Despois lembra que é unha das que fregan as potas na cociña, seguramente por castigo. E por que a ela? Hai moitas mulleres no dormitorio, nin sequera cruzaron palabra. Cebolas e mazás semellan moi distintas, mais ao comela o seu zume corre pola lingua, lembrándolle as mazás acedas que roubaban ás veces de nenos na horta dun veciño, se a nai os descubría, mallábaos a paus; desde que a encerraron aquí, non catou froita ningunha. A veciña marchou e ela nin sequera lle deu as grazas.

Á noite está desacougada. A muller da esquerda dorme ou, polo menos, está de cara á parede, ten que buscar como agradecerlle a media cebola. As palabras de sor Angustias, crimes horrendos, baten sen descanso nos oídos. Non foi crime, mais lembralo fai que as bágoas reborden os seus ollos. Non quere matinar nese día, neses días. Tapa os oídos, mais as palabras veñen de dentro. Nin contarlle á Visitadora de ollos de auga por que está aquí. A súa respiración acelérase, así non logrará durmir. Invoca a señora Paquita para vir no seu auxilio. Talvez estea morta, xa ía moi maliña cando ela entrou na Galera. Poderá axudala mellor desde o ceo? Se hai ceo, non ten dúbida de que foi acollida alá arriba.

As maceiras do veciño custáronlle máis dunha quenta. Porén, no que matina esta noite, máis que nas mazás, é nas flores. Pechando forte os ollos chega a velas. Cousa delicada, cinco pétalos brancos con veas rosas. Parécense ás rosiñas ventureiras, mais sen espiñas. Viña unha aireada e tiraba con elas. Sempre había abellas zugando. E antes de se decatar, convertéranse en mazás.

VASO NEGRO

Escribe a Visitadora que a pena, como a auga, toma a cor do vaso e, sendo ela un vaso negro, a súa pena será negra sen remedio. Estes meses amorean pena sobre pena. Morreu Manuel, amor antigo, vaso no que vertía os pensamentos cando rebordaban. A quen preguntará agora sobre a condición de visitadora? Reverdece a ferida da desaparición de Fernando, amor que, confiou, duraría sempre. Mais na verdade o único eterno é a chegada da morte, martelando sen descanso. Anunciada, a de Fernando ou a da fiel Paquita; repentina, a de Manuel. As consecuencias son iguais. Por que teimamos na esperanza de que a morte non se achegará a quen amamos?

A vida, entón, cae a chumbo, sen ilusión, sen esperanza, que para ela son a mesma cousa. E soa como nunca antes, ou así pensa. Juana María, vaso cristalino, transparente, non pode termar dela nestes días, foille negado ese recurso. Abatida pola morte de Paquita, por moito que á Visitadora non lle resulte doado comprender a dor pola perda dunha serventa, mal pode axudar os demais.

Mágoas do espírito e dores físicas que non dan tregua. As xaquecas veñen e van, e nestes días é asaltada por unha terrible dor de moas. Durante un tempo puxo un dente de allo cortado pola metade, remedios caseiros, mais a dor non remite, case lle impide comer. Ao final non queda outra que ir ao sacamoas; Juana María recomenda un tal Luís Antonio Becerra, das Nogais, que vén á Coruña unha semana ao mes. Ten moita sona por lle sacar unha moa á Raíña, de paso polas Nogais, hai catro ou cinco anos; o que valeu para a Raíña valerá para a Visitadora.

—Haberá que tirala —di Becerra—. Estes dentes do siso non valen para moita cousa; sobre todo as mulleres non os queren para nada.

Noutra situación retrucaría, non deixaría pasar unha idea que nega o xuízo ás mulleres, mais na cadeira do sacamoas, coa boca aberta á mercé del e dos seus ferranchos, que vai dicir? En canto a extraer a moa, resígnase, á fin, cando morreu súa nai aos corenta e cinco anos, dous máis dos que ten ela agora, só lle quedaban na boca uns poucos dentes de diante, non podía mastigar.

—Non perderá o sentido? —pregunta Becerra—. Ás veces, as señoritas desvanécense. É perigoso, o sangue pode ir pola gorxa pequena e afogar.

—Señora. Señora viúva de García Carrasco. Non me desmaiarei, perda vostede coidado.

—Aos homes doulles unha fecha de augardente. Para enxaugar a boca e aturaren mellor as dores. Vai mancar. Quéreo?

—Quero.

Nunca ou case nunca bebe alcohol, menos de tanta graduación. Unha copa de viño con Fernando, en días felices que teima en non lembrar. Un grolo nas ceas de Juana María. Mais debe mostrarlle a este sacamoas, que tan mala opinión ten das mulleres, que trata a todas de señoritas se non levan compañía masculina, ser tan afouta como calquera home.

—Mellor de herbas?

—Non, non. Branca.

Aborrece eses licores excesivamente doces, tanto como a idea de que ao levaren azucre son máis acaídos para as mulleres que a augardente branca, malia teren a mesma graduación. Mancar, manca. Hai quen fala de atar un fío á moa, se cadra doería menos, mais o deste sacamoas son tenaces e turrar. Protestaría a raíña, tan pouco acostumada ás contrariedades, segundo Juana? Pecha os ollos. A vantaxe é que dura pouco tempo.

—Listo! É vostede moi valente. Non cuspa durante media hora e non enxaugue a boca, o sangue debe callar. Púxenlle unha gasa. Procure mordela nese tempo. Non a vaia tragar!

Escusa tratala como unha menor de idade, pensa a Visitadora, mais coas mandíbulas apertadas sobre a gasa, non pode falar. Nin mirar para a moa, entrevista un momento, máis grande do que imaxinara, un anaco sanguento de si mesma.

—Para a dor pode tomar unhas pingas de tintura de láudano. Hoxe non mastigue. Alimentos líquidos e mellor fríos.

Isto foi onte. Tomou a tintura. Porén, hoxe ten que visitar por vez primeira a Galera. Debe estar alerta. Máis lle vale aturar a dor que arriscarse a ter o sentido anubrado co láudano. Doe, mais non tanto como antes de sacala. Se puidese tirar de vez o desacougo que a atormenta! Con gusto sufriría uns días de mágoa lacerante con tal de librarse da pena negra.

A desconfianza pode ulirse. O seu cheiro impregna a recepción da Visitadora na Galera. O alcaide da prisión, que non leva uniforme militar mais parece un, mostra ás claras o seu anoxo por esta indignidade: unha muller axexando as interioridades dunha casa que, repetiuno tres veces nesta primeira entrevista, é un modelo, un modelo. Xa llo advertira Juana María: Non esperes que te reciban ben.

O alcaide non vai consentir que unha sobrante —seguro que é así como pensa nela— remexa nos asuntos da Galera pola súa conta. Ponlle unha carabina, a superiora, sor Angustias.

—Sor Angustias ensinaralle todo o que queira ver.

—Non é necesario. A miña intención non é distraela das súas ocupacións, madre. Sei o moito traballo que ten.

—Con sor Angustias irá máis segura. Hai reclusas que son moi perigosas, poderían atacala...

A Visitadora aprecia o traballo das Irmás da Caridade, defféndeas decote nos seus escritos. Mesmo se ten algunha prevención contra as enormes toucas amidonadas, que se che poden meter nun ollo, igual que recea doutros adobíos nas mulleres. Con todo, ardua tarefa é a de establecer unha boa relación con esta sor Angustias, que non toma molestia ningunha en ocultar a antipatía que lle produce a visita.

—Por onde quere empezar?

Camiño dos dormitorios, tanto pode comezar por aí como por outro sitio, pasan por diante dunha porta aberta. Dentro, unha muller mal encarada ten na man unha trenza loura que, sen dúbida, acaban de cortarlle á muller nova que permanece sentada coa mirada perdida.

—E iso? Córtanlle o cabelo ás presas? Por que?

—É pola hixiene —di sor Angustias, apresurándose a pechar a porta—. Veñen cheas de piollos, sarna e cousas peores.

Porén, a Visitadora coñece ben o propósito desa práctica, frecuente nos cárceres e hospitais. Máis que a limpeza ou a hixiene é a humillación das mulleres. Desposuílas do único adorno que conservan neste lugar, facer visible que entre estas paredes non son ninguén, menos que ninguén. E lucrarse vendéndoo. A trenza loura, entrevista por poucos segundos, non ten parasitos; por ela pagarán bos cartos, enfeitará un moño para a peita de calquera señorita de cabelo escaso. Mais non paga a pena levarlle a contraria a sor Angustias desde o primeiro día, vai necesitar a súa colaboración.

Viña preparada para a mesquindade, mais non para isto. O dormitorio parece un cortello: Como poden durmir aquí trinta mulleres ou máis?

—Quen limpa isto?

—Son as propias reclusas. Antes de traballar.

—E agora onde van?

É día de coada, malia o orballo, as presas están traballando no patio, en grandes lavadoiros de pedra. Fronte a eles, unha rapaza que debe levar poucos meses, pois o seu cabelo negro é moi curto, apenas unhas herbiñas comezando a nacer, retorce un mantel de liño máis grande ca ela. A Visitadora non pode por menos de preguntarse a que mesa corresponderá, talvez á do alcaide. A moza vólvese en dirección aos arames para tendelo, é tan nova!

—Cantos anos ten esta rapaza? Non debería estar noutro lugar?

No intre de facer a pregunta arrepíntese. Coñece o código penal, os regulamentos, pasou moitas horas estudándoos, levándolles mentalmente a contraria. A partir dos quince anos poden estar coas adultas. Sábeo, mais desde o fondo do seu ánimo rexeita a idea dunha mociña pechada neste inhóspito lugar. Merece que a superiora conteste con aire de suficiencia; a quen mandan para nos inspeccionar se nin sequera sabe o máis elemental. Que aproveite para falar de crimes horrendos, de pecadoras e criminais, un engado para que ela pregunte.

Quince anos. Candonguita, se vivise, tería catorce. Podería imitarse a esta rapaza que, con todo e penar no cárcere, ter a cabeza rapada, está viva, ten ollos brillantes, pel que muda de cor ao subir o roibén ás súas meixelas cando escoita a monxa. Que faría para estar aquí? Cal sería o crime horrendo que lle atribúe a superiora? Con seguridade, non llo vai preguntar á monxa. Segue fitándoa, sen se decatar, mais a rapaza non baixa a vista.

Juana María dixera que para mudar o estado da Galera precisaría moita audacia, mesmo temeridade. Audacia e temeridade que Juanita posúe en grao extremo. Ela, sendo un vaso negro, non na mesma medida.

Nun recanto do patio hai armado unha especie de curtidoiro. Outro grupo de presas limpan peles no medio dun espantoso fedor. É un traballo durísimo que, ao parecer da Visitadora, non se corresponde cos deberes das penadas. Está sen determinar o que poden facer nos cárceres e o que non. Certamente non hai regulamento ningún que prohiba limpar peles.

—Quen mandou que fagan este traballo?

—O señor alcaide —di a monxa, o seu ton de certo desgusto.

—Canto cobran por isto?

A monxa non está segura, cita uns poucos reais ao mes, un pago insignificante. Di que parte do pago ás presas vai para o Estado.

Terá que falar disto co alcaide. Non paga a pena crear unha inimiga na monxa que, probablemente, cumpre ordes e non ten tanto mando como aparenta. Mais se a monxa está amolada pola limpeza das pelicas, non llo vai recoñecer a ela.

Ademais de afouteza, esta misión vai requirir diplomacia, sociabilidade, nalgún momento hipocrisía ou, polo menos, non mostrar de forma tan clara o seu anoxo.

Do patio ao refectorio, á vista da comida, unha encaldada que nin sequera sería digna dos animais, co ánimo cada vez máis decaído. Por onde comezar? Alguén está facendo negocio cos cartos destinados á comida das presas, trinta reais ao mes por persoa, se non lembra mal, que darían para unha comida saudable. Nin sequera o pan, o pan que debía ser unicamente fariña, auga, sal, ten aspecto comestible. Foi unha inxenuidade esperar que, despois do escándalo do pan do Hospicio, da vitoria da condesa, todo o pan dos asilos, cárceres e hospitais da Coruña sería bo. Non pode evitar a pregunta.

—É este pan como debería ser?

—Como debería ser? —pregunta a monxa.

No xadrez dinlle táboas.

O MUDO CORO DAS MALAS MULLERES.
A FOUCIÑA

Pobres de nós! Berra, muller, orgúllate: escoitamos en silencio.

> *Aqués que tén fama de honrados na vila,*
> *roubáronme tanta brancura que eu tiña,*
> *botáronme estrume nas galas dun día,*
> *a roupa de cote puxéronma en tiras.*

Tanta brancura, tanta que tiñamos. Aqués que ten fama de honrados.

Unha criada é toda brancura. Branco o mandil e a cofia, o mantel e os panos de mesa dos señores. Alba por dentro. Será doncela?, preguntoulle a señora a miña nai; ela ao principio non entendeu.

—Ninguén a tocou —acertou a responder.

—A que é doncela —sentenciou a señora— sábeo Dios e mais ela. É honrada?

Aqués que ten fama de honrados.

Non catara home. Tan pura com'as frescas augas de Riobóo. Até entrar naquela casa, ningún home me tocara nin sequera un fío do vestido. Que o teu peito é menos branca, ouh nena, a neve que croa. Brancos os teus peitos, dixo. Non hai mal ningún en ensinarmos. Criada para todo, obediencia ao señor. De non obedecer, el tómao pola forza, arrinca a roupa en tiras.

A roupa en tiras. Brancas por baixo. Roubároncha. Pobre de ti!

Quedei deshonrada, mucháronme a vida,
fixéronme un leito de toxos e silvas
i en tanto, os raposos de sangue maldita,
tranquilos nun leito de rosas dormían.

Toxos e silvas por leito. Non follas novas, ramallo de toxos e silvas só.

Non solta nunca o raposo. A criada é da súa propiedade. Ten dereito a meterse no seu cuarto, na súa cama, entre as súas pernas, ou así cre. Da dor, do arrepiarse as carnes, do sangue, non se coida.

Dunhas cousas veñen outras. Carqueixa brotada, loba preñada. Criada de tres meses encobre, de catro non pode. Dun día para outro puxéronme na rúa. E eles durmindo tranquilos nun leito de rosas.

Entre as pernas. Meténdose entre as pernas. Pobres de nós! E ti converténdote en loba.

Nin pedra deixaron en onde eu vivira;
sin lar, sin abrigo, morei nas curtiñas,
ó raso cas lebres dormín nas campías;
meus fillos..., ¡meus anxos!..., que tanto eu quería,
¡morreron, morreron, ca fame que tiñan!

Carqueixa florida, loba parida. Unha meniña e un meniño. Bonitos como un sol. Un en cada peito, tan doce! No tempo das carqueixas floridas pódese durmir na camposa, apañando fieitas. Pedir polas casas un anaco de pan reseso. Comer a cebola dos fiúnchos. Mais logo acaba a primavera, alá vai o verán. A fame, o frío. O leite deixando de brotar. Meus anxos!

Morreron, morreron coa fame que tiñan. E ti, loba, loba.
—"¡Salvádeme, ou, xueces!", berrei... ¡Tolería!
De min se mofaron, vendeume a xusticia.
—"Bon Dios, axudáime", berrei, berrei inda...
Tan alto que estaba, bon Dios non me oíra.

De min se mofaron; se un home te tomou, é por ti ofrecéresllo. Se ficaches preñada é por gozares. Os xuíces tan lonxe das pobres. Bon Dios, axudáime! Tan alto. Tan lonxe. Non nos entenden, non.

Non nos entenden, non. Loba, loba. Entón...

Estonces, cal loba doente ou ferida
dun salto con rabia pillei a fouciña
rondéi paseniño... ¡Ni as herbas sentían!

Loba ferida. A folla do fouciño fagamos rebrilar! Que o lume da toxeira envolva na fogueira o pazo señorial.

I a lúa escondíase, i a fera dormía
cos seus compañeiros en cama mullida.

Lúa descolorida, lévame caladiña no teu raio, lévame a onde non recordan nunca. E a fera durmía. Pillei a fouciña.

A fouciña rebrilando ao luar. Que corra o sangue a regos!
Mireinos con calma, i as mans estendidas,
dun golpe, dun soio! deixéinos sin vida.
i ó lado, contenta, senteime das vítimas,
tranquila, esperando pola alba do día.
Loba! Loba! A folla da fouciña fagamos rebrilar. Corra o sangue a regos.
I estonces... estonces cumpreuse a xusticia,
eu, neles; i as leises, na man que os ferira.

A xustiza pola man. Terma da fouciña.

REGULAMENTO DA CASA DE CORRECCIÓN PARA MULLERES DE MAL VIVIR

PRIMEIRA PARTE: OBXECTO DO ESTABLECEMENTO E ADMISIÓN DE MULLERES.

ARTIGO 1. A Ilma. Deputación establece unha casa de corrección para mulleres de mal vivir.

ARTIGO 2. Esta casa estará ao coidado da comunidade de Relixiosas da Nosa Señora da Caridade, instituto aprobado pola Santidade de Clemente XI, e autorizado legalmente en España.

ARTIGO 3. Serán admitidas nela as mulleres de vida reprochable que o soliciten por si mesmas e as que fosen remitidas pola autoridade a causa dos seus escándalos; mais unhas e outras deben reunir as condicións do artigo seguinte.

ARTIGO 4. Para seren admitidas é necesario, primeiro, que sexan naturais deste señorío ou aveciñadas nel por tres anos; segundo, que estean libres de actual preñez; e terceiro, que estean exentas de enfermidade sifilítica ou contaxiosa.

ARTIGO 5. As non naturais do País nin aveciñadas nel serán admitidas mediante unha pensión de tres reais diarios, sempre que teñan as outras dúas condicións.

ARTIGO 6. O Establecemento estará dividido en dous departamentos, cada un dos cales terá o seu dormitorio cunha cela contigua para a mestra de inspección, a súa sala de labor, o seu cuarto roupeiro... de recreo e coro tamén á parte.

ARTIGO 7. Un destes departamentos será para as remitidas pola autoridade, que se chamarán penitentes recollidas, e o outro para as que se presentasen voluntariamente, e que se chamarán penitentes acollidas; a permanencia das acollidas non poderá exceder de tres anos.

ARTIGO 8. As recollidas non poderán saír do Establecemento nin pasar a outro departamento até terminar o prazo que fose prefixado pola autoridade ou obter licenza da mesma a tal efecto.

ARTIGO 9. Para as que coñecendo a fraxilidade da súa natureza quixesen continuar indefinidamente no Establecemento, temerosas de volver aos vicios dos que xa están reformadas, crearase máis adiante un terceiro departamento enteiramente separado dos outros dous.

ARTIGO 10. E para que a determinación destas sexa en todos os conceptos remediable, e ao mesmo tempo non gravosa ao pago, procurarase que as deste departamento gañen o seu alimento e vestiario co traballo das súas mans.

ARTIGO 11. Sendo tan edificante o exemplo daquelas mulleres que dunha vida abominablemente licenciosa pasan aos rigores dunha austerísima penitencia, cal se practica na clase das Madalenas, non se lles impedirá pertencer a ela a aquelas que se sentan movidas dunha verdadeira vocación; mais non se nomearán mestras particulares para esta clase, nin se custeará gasto algún que por esta causa se producise.

SEGUNDA PARTE: GOBERNO DO ESTABLECEMENTO

ARTIGO 12. O Establecemento rexerase para a distribución de horas e demais por un regulamento interno, que será o mesmo aprobado por Bieito XIV.

Artigo 13. O alimento que se dará ás penitentes consistirá nunha sopa á mañá, outra ao mediodía con potaxe e cuarteirón de vaca cocida, e pola noite unha minestra ou guiso abundante.

Artigo 14. Horario: As penitentes ergueranse ás cinco no verán e ás cinco e media no inverno. Logo de vestidas e reunidas a toque de campá no oratorio, farán as oracións prescritas. Despois poñeranse ao labor, non deixando o traballo senón para ir á Santa Misa e ao refectorio. Antes de comer, dirán a ladaíña do Noso Señor e farán exame de conciencia. Durante a comida, se a superiora o ten por conveniente, irá unha relixiosa para facerlles a lectura. Despois do *Benedicite* sentarán con modestia e sen meter ruído. Concluída a acción de grazas, irán todas rezar un Ave María e ofrecerán ao Señor o recreo e o labor do resto do día. No recreo seralles permitido falar do que queiran, con tal de non ser de cousa mala. Non poderán falar das modas e vaidades do mundo, nin do que sexa contrario á honestidade e á modestia. Tampouco poderán falar en segredo, senón en alta voz para ser oídas. De tres a cinco rezarán vésperas completas, ás cinco traballarán e, mentres, rezarán o Rosario en voz alta. Cearán ás sete, terán outro recreo e os traballos que a mestra considere. Ás nove farán ás oracións e retiraranse para estar deitadas ás dez.

Artigo 15. Disciplina: A regra fundamental que rexe a vida nesta casa é o silencio. O silencio serve para mortificar a lingua, que segundo o apóstolo Santiago é fonte de toda iniquidade. Non lles será permitido falar nunca con ninguén de fóra, sen asistenta, excepto co pai e a nai, se estes as levasen á Casa. Xaxuarán todos os venres. Non poderán ler outros libros que os relixiosos, vidas de santos ou a *Guía dos Pecadores* do P. Granada. Non se deben tocar unhas a outras, nin por xogo nin por amizade, e aínda máis deben absterse de bicos e toda clase de accións indecentes. Ao ser amoestadas, deberán poñerse de xeonllos e escoitar humildemente, sen escusarse; de responder con pouco respecto, serán castigadas. Se o seu comportamento o merecese, poderán ser encerradas nun cuarto separado.

ARTIGO 16. A Comunidade de Relixiosas escollerá do seu mesmo seo para o servizo do Establecemento unha fornecedora, unha porteira, unha cociñeira, dúas mestras para cada departamento, unha de inspección e outra de instrución, e unha administradora, que será a mesma superiora.

ARTIGO 17. Haberá ademais un director, que será sempre nomeado polo P. Superior e coa autorización do Ilmo. Prelado Diocesano, que goberne a comunidade.

ARTIGO 18. Tamén haberá un capelán, un médico e un sancristán encargado da horta, que nomeará a Ilma. Deputación a proposta do director.

Regulamento do Establecemento
da N. S.ª da Caridade do Refuxio
Señorío de Biscaia, febreiro 1860

II
BÁGOAS DE SANGUE
1864

Se soubésedes que o desprezo do mundo había empurrarvos a seren desprezables, e que non tendo amparo no aprecio propio, e desesperando de vós mesmas, non encontrariades outro acubillo que na embriaguez do mal e na desesperación; se todo isto soubésedes...

Mulleres desventuradas, agora xa sabedes todas estas cousas; a desgraza e a culpa ensináronvos os seus tristes misterios.

CONCEPCIÓN ARENAL. *Cartas a los delincuentes.*
Coruña: Imprenta del Hospicio, 1865

OS DENTES DOS ANXOS

Disque A Galera está situada na rúa Sol, mais as presas nunca ou case nunca o ven. Do dormitorio ao oratorio, logo ao refectorio, do refectorio ao patio, unicamente no patio hai a oportunidade de ver a luz do día e o sol, se aparece, que non é sempre.

Con todo, hoxe nin refectorio nin patio para Sisca. Acorda co mes e unha magoante dor de ventre. Non todos os meses, porén, cando vén bravo trinca nos adentros. Intenta poñerse en pé, mais todo lle dá voltas. A muller que dorme ao seu carón, a da cebola, decátase.

—Estás enferma?

—Co mes, dóeme moito.

—Estás branca como o leite. Déitate. Vou chamar a monxa.

A monxa é sor Remedios, que axuda na enfermaría. Fraquiña, máis amable que as outras.

—Veña, miña rula, logo pasa. É a condenación que temos as mulleres, por culpa de Eva e os seus pecados. As mulleres novas, que eu xa... Vouche cocer unha pouca macela con nébeda, encher unha botella con auga quente e...

Non pode acabar a frase, porque entra a monxa encargada do dormitorio, batendo na porta, interrompéndoa bruscamente.

—Lacazana! Seguro que non ten nada, ha ser por non traballar. E ti —á veciña—, que fas? Liscando para o oratorio!

—Ten tal —di sor Remedios, moi amodiño, como se lle falase a unha nena pequena—. Un fluxo como un río.

—Andrómenas! Todas as mulleres teñen fluxo unha vez ao mes e mais non morren...

—Morrer non, mais que tan pálida está! —teima sor Remedios—. Ti tranquila, que xa me ocupo eu.

Aos poucos vaina pastoreando en dirección á porta e marchan.

Acurrúnchase no xergón. Así está cando volve sor Remedios cunha botella envolta nun pano de baeta nunha man e unha cunca na outra.

—Coidadiño, que a auga da botella está fervendo; non vaia saír a rolla, podes queimarte. Así na barriga farache ben, xa verás. Déixoche a cunca na táboa. Cando arrefríe un chisco, bébea.

Bebe a macela; despois pasa un tempo adurmiñada, non sabe canto.

Acórdana uns pasos, a veciña está ao seu carón, boca fechada, labios apertados. Acenando, indícalle que abra a súa.

Inclínase sobre ela, premendo os beizos cos seus. Un grolo de líquido pasa de boca a boca. Así alimentan os paxaros ás crías. Logo entra a lingua, percorrendo suavemente os beizos. Unha sensación nova, inesperada.

—Como vas?

—Dóeme, mais non tanto...

—Escapei da cociña. Traga, isto fai máis efecto que a macela.

Traga, como se enviase para o interior o aloumiño da súa boca. É un sabor forte, aromático, mesturado á turbación da lingua dela na súa.

—Láudano —di.

Escoitou a palabra algunha vez. Ao pé da cama da señora Paquita, a última vez que a visitou. Tintura de láudano. O nome soaba a igrexa, aos cantos das monxas na capela, *laus deo*.

—De onde...?

—O practicante da enfermaría. Tolea ao entrar eu coa camisa entreaberta —pola abertura da camisa albíscanse os seus peitos, brancos, cheos—. Díxenlle que me dese un pouco para a dor de moas...

Ten unha forma única de inclinar a cabeza, como a garza no río axexando polos peixes. Dá comida como un paxaro, móvese como un paxaro. Un sorriso pillabán ilumina o dormitorio.

—Como te chamas? —pregunta Sisca.

Nada hai máis importante neste momento que saber o seu nome.

Míraa sorprendida.

—Non sabes...? Miña nai dicíame Fefa; un nome só para ti. Outros chámanme Pepa. E ti?

—Sisca.

—Sisca... Lindo nome para unha linda rapaza. Durme, Sisca, durme. A tintura de láudano, para alén de apagar a dor, é alimento do sono. Teño que marchar ou acabarei encerrada no cuarto de castigo unha vez máis. Sor Angustias non me quere ben, e non digamos Felisa.

Achegándose de novo, roza lixeiramente a boca da doente coa súa. Un instante que alporiza o corpo todo. É posible? Unha muller... Afúndese nun sono pracenteiro.

No entresoño aparéceselle a señora Paquita, unha tarde que debullaban chícharos. Sisca xogaba a ver quen abría unha vaíña con máis, cre que ela facía por deixala gañar. Ás veces as vaíñas grandes son enganosas, teñen poucos e grandes ou uns tocos onde o chícharo non se logrou.

—Cinco! E vostede tres, e para iso un ten verme...

—Ah, mais agora verás, este ten sete...

Tan perfectos, tan lindos, a fileira de peroliñas verdes no seu encerro, como dentes miúdos na boca dun anxo, dixo Paquita.

—Vostede sabe como son os anxos? —preguntou—. Teñen dentes ou unicamente ás?

Nesa época cría firmemente que non podía haber nada que a señora Paquita descoñecese, ao ser ela quen lle ensinaba tanta cousa nova. Poucas veces a decepcionaba.

—Non sei, non. Imaxínoos miúdos e todo o tempo corricando, chimpando, como fan os nenos. Anxos rebuldeiros, con dentes iguais como chícharos que non se apiñotan uns sobre outros e nunca doen.

Sisca non dixo nada. Nunca tivera dor de moas, nin sequera agora sabe o que é. Ela proseguiu:

—Cando nena, antes de entrar na casa da señora Juana María, miña nai sufría terriblemente do mal dos dentes. Na aldea non había sacamoas, nin de habelo teriamos cartos para pagalo. Cando non podía aturar a dor, collía unha pedra, sabes?, e petaba no dente até saltalo.

—Non doía moito tiralo así a pancadas?

—Doía, pero menos que cando un dente fai mal. Era unha vida miserable. Pobre nai! Morreu dun mal parto aos tres anos de eu entrar a servir.

Raramente falaba a señora Paquita desa vida anterior. Do que contou ese día, albiscábase que non fora moi distinta da dela.

Gustábanlle os chícharos por ser cousa da primavera. Viñan coas rosas ventureiras no camiño do lavadoiro.

Tamén por ser raros na casa, nin sempre había cartos para os mercar. Chícharos e patacas novas, moito lle sabían as poucas veces que os comeu.

Pasa o día no xergón e a dor vai cedendo. A mediodía, sor Remedios tráelle unha cunca de caldo e un anaco de pan que non parece o mesmo que tanto anoxou a Visitadora; talvez é o que comen as monxas e o alcaide. Pregúntase se a Visitadora volverá. Se cadra a encomenda é un día, nada máis. Ninguén informou as presas do propósito nin do resultado, se houbo algún. De momento o pan do refectorio segue sendo repugnante.

Á noite, cando chegan as outras presas, está cos ollos abertos e medio incorporada. Achégase unha á que lle din a Caparrabicha; parece sempre asañada e encadea palabróns cando as monxas non escoitan; unha mala palabra pode levar a xabón na boca ou zorregadas. Párase diante dela, espétalle polo baixo:

—Coidadiño coa zoinamoina da Pepa. A peor asasina que hai na Galera e a máis mentireira. Ti es ben enganadiza, non sabes da misa a metade.

Cospe ao pé do xergón da veciña e, sen esperar contestación, marcha. Non sabe que ía contestar. Descoñece por que están aquí as mulleres coas que comparte dormitorio. Por palabras pronunciadas en voz baixa, das que apenas chegan anacos, hai quen pena unicamente por roubar pan para os fillos ou por botar man duns poucos céntimos, dun puñado de fabas, nunha casa onde sobran e na que lle pagaban unha miseria por servir de criada. Outras son mulleres da rúa, que non tiveron outra que vender o seu corpo. Ou por pedir esmola e non ter enderezo fixo. Do que menos se fala é das que deron morte a alguén. Un asasinato pode ser castigado coa pena de morte e hai polo menos unha muller na

Galera agardando polo garrote vil. Mais está noutro dormitorio ou nunha cela de castigo, nunca a viu.

Non sabe por que foron castigadas as outras mulleres pois non pregunta; non fai preguntas por non querer que llas fagan. As poucas veces que algunha se interesou pola súa historia, dixo que non quería falar. Nin falar nin sequera lembrar o que pasou os días anteriores a ser encerrada. Mellor traer as memorias da señora Paquita, dos días de verán lavando coa nai no río de Monelos. Mais as palabras da Caparrabicha, o odio na súa mirada, desacóugana.

É hora de durmir e non vén o sono. Lembra o camiño desde a rúa Real á casa, que fixera tantas tardes, á hora do lusco fusco, despois de aprender a ler coa señora Paquita ou de facer xuntas un traballiño na cociña. O ceo atravesado polos morcegos, que danzan na última luz da tarde. Nun alpendre abandonado a carón da casa vivía un mandiño de morcegos. Seu pai levouna unha vez de día para velos durmir, díxolle que non había que lles ter medo, papan mosquitos e ás nenas non lles fan mal ningún. Afortunados eles que dormen de día! Chama polos morcegos para traeren o sono.

A SOCIEDADE DA MADALENA

No mes de xaneiro, hai nestes días corenta e tres anos, Juana María contemplara por vez primeira desde o balcón da casa familiar un home garrido de a cabalo nun corcel negro. Viña no medio dunha comitiva de xinetes que lle deran a benvida a varias leguas da cidade. Ao seu paso, a veciñanza que ateigaba as rúas aclamábao, as mulleres guindaban flores desde as fiestras, A Coruña toda entregábase ao heroe que viña tomar posesión como Comandante Xeral de Galicia.

Unha visión imposible de esquecer. Como non namorarse del a primeira vista? As vitorias militares de Francisco Espoz y Mina eran materia da lenda, mais escollera aparecer sobriamente vestido de paisano, cun traxe negro sen ningunha das medallas nin condecoracións que posuía, sendo tantas. Juana María, a quen chamaban Juanita, aínda non fixera dezaseis anos; na casa oíra falar con máis admiración do seu radical compromiso coa liberdade que dos seus éxitos na guerra contra os franceses. Debido a esa fidelidade á Constitución, que o levara a sublevarse contra Fernando VII, debeu exiliarse a Francia e só agora o alzamento de Riego fixera posible o seu regreso. Era este, entón, o heroe do que a vida estaba gravada na súa memoria? Cantos rodeaban a familia contaban da súa xenerosidade, das penalidades do exilio en París, onde tivo que peñorar o reloxo para poder comer.

Lembra aquela imaxe, o primeiro encontro días máis tarde, ao contemplar no cuarto a urna de ébano e prata que garda o seu corazón. O vaso de cristal que encerra a urna non o toca ninguén, nin sequera Paquita cando vivía, só ela o coida. Os ollos negros daquel mozo fitándoa, a mirada penetrante, tiña trinta e sete anos, mais a súa enerxía, a súa audacia, facíano semellar máis novo. Rexo, feito da cerna. O lume da súa ollada. A sorpresa cando un día chegou Andrés Rojo, un dos que foran colaboradores de Porlier, dicindo: O xeneral Mina soubo que os seus pais a deixan en liberdade de escoller. Envíame a preguntarlle se aceptaría casar con el, pois xulga que encontrou a compañeira coa que será feliz. Que turbación! Mina non a coñecía abondo, contestou, podía talvez preguntar aos seus pais. Mais ao final viuse obrigada a decidir por si mesma. A sinceridade del ao advertirlle:

—Debe saber vostede que casar comigo é entregarse a unha vida de riscos. Veño do exilio, e de tornaren os absolutistas ao poder, é probable que teña que me exiliar de novo. O único que podo ofrecerlle é o meu corazón, que xa lle pertence por completo; o meu espírito, que tamén é seu; e unha vida de perigos e incerteza. Juana María! —e tomouna da man coa súa, grande e cadrada—. Talvez sexa eu moi egoísta ao pedirlle que comparta esa vida comigo.

O corazón de Juanita ficara prendido dos ollos negros, daquel espírito que sorprendía pola delicadeza e brillantez nun home que apenas estudara as primeiras letras. Tremía a man del na súa? Como era posible exercer tal poder sobre un home invencible? O contacto da súa man reveloulle que non era unicamente admiración o que lle inspiraba, espertou sensacións físicas moi intensas, desexos que non sabía ter durmidos no seu interior, peluxe que se encrespaba, humidade que fluía. Quería seguir escoitando aquelas palabras que chegaban dentro, ás veces atrevíase a soñar coas mans del percorrendo o seu corpo.

Mina non se enganaba, aínda que ningún dos dous podía anticipar o pouco que duraría a calma. El non renunciaba aos seus ideais, asinara aquel manifesto e en novembro foi cesado, destinado a León en castigo. A voda tivo que celebrarse por poderes o día de Nadal. Ah, aqueles primeiros meses en León! Os paseos á beira do río, a neve na rúa; no interior da casa, a pel ardendo, o espírito incendiado. Reloucaban pola chegada da noite. Oíra que na guerra el era duro, mesmo cruel, mais o amante entre as sabas de liño do seu leito, fronte á cheminea acesa, estaba atento ao pracer dela.

Sorprendeuna a primeira noite ao pedirlle que tirase o camisón, tan primoroso, con renda de Valenciennes, tan inútil.

—Desexo tanto ver o teu corpo, verte núa... Vólvete de costas ao principio, se che dá vergonza...

Tamén el tirou a roupa toda. Era e non era o que esperaba, a súa nai explicáralle algunhas cousas, vira ilustracións das estatuas gregas, mais a carne é diferente do mármore.

—Non teñas medo, imos devagar. Nin é necesario ir até o final a primeira noite. O que quero é que ti goces...

Mais non tiña medo ningún. Gozou, pel contra pel. Até o final.

En agosto el foi destinado a Cataluña, onde os absolutistas estaban en pé de guerra, e de alí ao exilio en Inglaterra. Ela, de volta á Coruña; non lle permitiu acompañalo, ao non se admitir no seu exército a presenza de mulleres. Até dous anos máis tarde non se reuniría con el, logo dunha fuxida chea de riscos. Tempo despois, ao reflexionar sobre aqueles días de vertixe, decatárase do excepcional da aprobación dos seus pais á voda cun fillo de labregos que nada posuía agás a súa afouteza; cun heroe, si, mais que podía caer en desgraza, como así ocorreu, co seguinte cambio de Goberno.

O corazón sempre foi dela, en vida, simbolicamente; despois de morto, fisicamente, no interior da preciosa urna que agora ten nas mans. É moito máis o tempo transcorrido en compañía do seu corazón, frío na urna, que con el, o seu home ardente.

"Cando desde o interior dunha prisión española se ve o que nela pasa; cando se observa aquel conxunto de corrupción, de arbitrariedade, de ignorancia, de erro, de rebeldía, de servilismo, de severidades crueis, de interesadas tolerancias; cando se respira a atmosfera preparada como por arte infernal para que o vicio e o crime xermolen, medren, se multipliquen, se fagan contaxiosos, irresistibles; cando na enfermaría e no obradoiro, na capela e no calabozo se ve o desprezo das regras equitativas, atropelada a humanidade e escarnecida a xustiza; cando se reciben as confidencias dos reclusos e da súa historia, que polo común desfiguran, transpira a verdade que pretenden ocultar; cando ás veces se deplora a desproporción entre o delito e a pena, pois esta agrávase ou búrlase polos encargados de aplicala, e como a lei en ocasións prepara, en ocasións, pode dicirse, crea os delitos; cando se ven delincuentes honrados ao entrar na prisión que sairán dela enteiramente perdidos para a honra e a virtude, varios sentimentos de indignación, de horror, de aflición, de vergonza, abanean a alma."

Non consegue a Visitadora librarse dun desacougo que fai presa nela desde a primeira visita á Galera. Escribe para botar a angustia fóra do peito, e o escrito adquire vida propia, certifica a indignidade; a consecuencia é contristar o ánimo. O seu proxecto para converter as prisións, de momento o cárcere da Galera, en centros para a rexeneración das mulleres e non en malas copias dos círculos infernais, en empresas ao servizo da vinganza, non pode ser realizado por unha soa man. Mais as autoridades que gobernan a prisión, nunha xerarquía que vai do alcaide ás vixilantes, non están en disposición de colaborar. Cómpre tomar outro camiño, dar un rodeo. Levar a cabo unha acción dirixida ás presas. Para iso conta coa axuda de Juana María.

—Unha condición para se rexenerar é aprender un oficio. Temos que buscar a forma de ensinárllelo.

—De acordo —di a condesa—. Doutro modo, ao saíren licenciadas, non teñen outro recurso que a prostitución.

Juana María sempre chama as cousas polo seu nome, prostitutas ás prostitutas, estafa ao ocorrido co pan. "Licenciadas" dinlles na linguaxe da Galera ás mulleres que cumpriron condena, como se cursasen estudos académicos. Licenciadas vidreira, poden escachar en calquera momento, volver para dentro esnaquizadas. É irónico que a propia Visitadora, que asistiu a clases de medicina e leis na universidade e, con certeza, sabe máis de dereito penal que moitos avogados e escribe mellor ca eles, non teña dereito a ese título. Posúe tamén a condesa a capacidade de levar á práctica as ideas, por extravagantes que parezan.

—Pódese facer por medio dunha asociación de señoras que as visite, ensinándolles a coser, bordar, fiar... E o primeiro, ler e escribir. Tes que conseguir que nos deixen un espazo no propio cárcere para poñer escola, elas non poden saír.

A Sociedade da Madalena ten un modelo na Asociación de Señoras de Beneficencia da que Juana María é presidenta. Non todos os próceres da Coruña consideran benéfica esta asociación; algúns, por creren que o sitio das mulleres está dentro da súa casa, no canto de axexar o que ocorre en lugares inmundos, hospicios ou asilos; ou por entenderen que non é propio da condición feminina denunciar administracións corruptas, non digamos gobernadores. Menos aínda está o seu lugar nos cárceres, as señoras non deben convivir co crime, coas mulleres pecadentas, escoura da sociedade. A outros desgústalles que os propósitos da Asociación, dar de comer aos famentos, procurar coidado para os expósitos, teito para os mendigos, persigan o benestar do pobo, mais sen que nos seus estatutos figure en primeiro lugar o principio da caridade cristiá. Alén de expresarse en voz baixa como rexoubas, estes ataques exércense a través de furiosas campañas de prensa. Aínda bo que Juana María ten defensores incondicionais, como José Pardo Bazán, que organizara a asistencia durante a epidemia de cólera e ten a maior consideración polo seu traballo, Fermín Casares, fillo do catedrático de química que se prestou a facer as análises do pan, ou José López Cortón, que armou os Xogos Florais e colabora con ela recadando cartos para o hospicio, mesmo os obtidos co *Álbum da Caridade*, os poemas dos Xogos.

Malia as críticas, Juanita teima nas súas ideas, susténtaas en argumentos sólidos nos faladoiros que teñen lugar todas as noites na biblioteca da rúa Real, tapizada de verde, símbolo dos liberais. Os faladoiros teñen sona na cidade e máis alá, quen nunca foi convidado a participar dálles o nome de aquelarres, viveiros de intrigas e maquinacións, cova de conspiradores e outros aínda peores.

Agora que vive a poucos metros, pois a casa de Ferrerías estaba demasiado lonxe da Galera, a Visitadora participa nos faladoiros. Neles vai coñecendo, ademais dos homes amigos da condesa, Carlos Muñoz, Antonio de la Iglesia, algunhas das señoras que forman parte da Asociación e están sendo recrutadas como voluntarias para a Sociedade da Madalena. A secretaria da Asociación é Amalia de la Rúa-Figueroa y Somoza, unha muller de trinta e poucos anos casada con Pardo Bazán, que toca o piano e, segundo Juanita, é unha aceptable pintora. É portadora de toda unha secuencia de apelidos fidalgos, enguedellados como cereixas; entre os patricios da Coruña tamén os hai liberais. Ao contrario que Juana María, que, con todo e ser condesa, é de estirpe plebea, como non se cansan de lembrar os seus detractores; o seu pai reuniu unha enorme fortuna, mais, á fin, foi un comerciante con negocios na salgadura ou sabe deus en que cousa nas colonias. E que dicir do apelido da súa nai, Martínez. Así mesmo leva a rastro apelidos encadeados Julia Viqueira Flores-Calderón, a quen na Coruña chaman Julia de Cortón, por estar casada con López Cortón, e por ese rancio costume de referirse ás mulleres cos apelidos do home, como se non os tivesen de seu. Grande amiga da condesa é outra Juana apelidada Bescansa e Bescansa, esposa de Fermín Casares.

A Visitadora ten, antes de tratalas, certa prevención cara a estas señoras fidalgas, que comparten as ideas de Juana María, ou polo menos deixan que a condesa turre delas, sen renunciar a vestir xustillo e polisón. A súa fasquía lémbralle as compañeiras do colexio para señoritas da rúa do Vento, en Madrid, no que súa nai se empeñou en inscribilas a Tonina e mais a ela cando tiña catorce anos. Mirábana por riba do ombreiro, considerándoa unha aldeá pouco refinada por causa da roupa. Escola na que tanto sufriu, lonxe dos montes de Armaño, tendo que batallar con mostras de costura nas que o fío teimaba en anoarse pola súa conta e acababa de cor negra ou gris como patas de mosca —dicía a mestra— porque cos nervios lle suaban as mans. As lecturas carecían de substancia; a ela, que devorara os libros de filosofía na biblioteca de seu pai e na de Manuel de la Cuesta, aqueles catecismos e vidas exemplares parecíanlle escritos para pánfilos, non para mozas racionais. A Visitadora recea da estrutura en preguntas e respostas dos prontuarios, incluso cando están ben escritos, como *La primera luz*, publicado hai poucos anos por Manuel Murguía, un libro de lecturas para as escolas de primeiras letras, que pode resultar acaído para a da Galera. Entre outras razóns porque fai unha defensa do galego, única lingua falada polas reclusas ou pola meirande parte delas:

P.- Cual es el origen del dialecto gallego?
R.- El latín, al que se hallan mezcladas algunas palabras griegas, celtas y germánicas.

Tanto Julia Viqueira como Juana Bescansa teñen cadansúa filla pequena, a primeira. Luisa, a de Julia, fixo un ano; e Juana Casares, tres. Amalia de la Rúa, algo máis vella, xa a ten criada. Algunhas veces vén ao faladoiro acompañada desta rapaza adolescente, non tan bonita como a nai, duns trece ou catorce anos como tería Candonguita. Mais a filla da Visitadora non iría ataviada con miriñaque e adobíos de renda, miniatura dos da nai. Malia vestir como unha boneca, Emilia rexeitou, segundo conta a nai, as leccións de piano, reclamando en troques aprender latín. Debe ser certo, unha tarde na que se falaba das dificultades que a nova Sociedade tería que enfrontar, sorprendeu a todos citando Virxilio:

—*Possunt quia posse videntur.*

Poden por creren que poden, frase acaída a empeño tan difícil como é unha asociación para traballar no cárcere. Coitada! A Visitadora compadécea, pois, malia a súa pedantería —na que se recoñece a si mesma, cando moza—, o destino que lle agarda é casar nova, renunciar aos soños de formación intelectual. Saber latín non garante ter unha vida propia. É certo que pode quen cre que pode? Dubida se para as mulleres chega coa crenza. Ela non logrou o recoñecemento dos estudos na universidade. Con todo, crer que é posible unha empresa difícil, imaxinala, é requisito para a acadar.

A Sociedade da Madalena estará pois formada por señoras voluntarias que ensinen ás presas. Juana María insiste en que o primeiro é aprenderen a ler e escribir. É un empeño que está levando á práctica: non unicamente nos cárceres son maioría quen non saben ler. Para remediar o analfabetismo, acaba de crear unha escola para nenos pobres, a cargo das Irmás da Caridade. Ás noites, na súa casa, danse clases para adultos, obreiros aos que ela mesma ensina. Mais as mulleres están aínda en peor situación que os homes.

—Se a metade das trinta e pico mil almas da Coruña son mulleres, non creo que pasen de medio millar as que saben ler —di Juanita—. E das pobres presas, moitas menos. Cantas penan na Galera? Trescentas? Haberá en todo caso catro ou cinco capaces de ler, se as hai.

—Como van saber ler —di Amalia—, se ninguén lles ensina? E temos en contra a opinión pública. Os que escriben nos xornais están convencidos de que ensinar a ler e a escribir ás mulleres pode levar á súa perdición. A José e mais a min critícannos por deixar ler a Emilia ao seu antollo.

—Refíreste ao doutor Pérez Costales? E eses son amigos, que os outros... Deberías escribir un libro sobre a educación das mulleres, Concha. Coa excepción dos krausistas, case ninguén entende a súa necesidade... Ou teñen medo.

Na Coruña, uns anos antes, dera moito que falar un debate, organizado polo Ateneo, sobre se a educación da muller é un elemento necesario para a prosperidade dunha nación. Segundo Pérez Costales, un filántropo que por outra banda creou unha escola para nenos pobres, as mulleres intelectuais son seres monstruosos nos que coexisten trazos masculinos e femininos. Se isto ditaminan os ilustrados da Coruña sobre as mulleres de boa familia que saben ler, que pensarán do afán por ensinar as letras ás delincuentes da Galera?

Coruña, 5 de xaneiro 1864
Sr. don Jesús de Monasterio, Madrid

Estimado paisaniño:

Certamente non teño conciencia en non contestar máis pronto a quen ten tanto mérito en escribir como vostede, mais estou tan mal de saúde, que sumando e restando o que os meus achaques me rouban de tempo e o que me dan de fastío darán a cantidade redonda do meu silencio.

Se Vde. quere absolutamente ser visitado por min, todo pode amañarse. Roube Vde. (pouco, por suposto) e será castigado. Que sexa en Asturias ou algunha das catro provincias de Galicia e virá vostede a esta Galera se coida de disfrazarse e barbearse, facendo un moño moi decente coa súa abundante cabeleira. Colocareino a carón da Loba e parecerá Vde. unha vestal. Conque mans á obra e despacharse axiña, que a min poden deixarme cesante dun momento a outro, e acabouse a ganga.

Sexa Vde. bo rapaz, nada rancoroso, e escríbame como está ese estómago con este endiañado inverno, como segue esa colonia lebaniega, a quen saudará no nome da súa cordial amiga

CONCHA

MEDIA VIDA

Nuns días cumprirá un ano presa. O cabelo medrou, non moito, cousa dunha cuarta; aínda non chega para facer trenzas. Ao menos non está pelada. É mentira o que dixera Felisa, que o cortaban pola limpeza, máis ben será para facer cartos vendéndoo. Porén, Fefa, que leva máis tempo no cárcere e ten trenzas, pídelle axuda:

—Sisca, os piollos están coméndome viva. Podes espiollarme?

—Podo! Sempre espiollaba os irmáns pequenos. Achégate, pon a cabeza nos meus xeonllos.

—Non che dá noxo?

Podería dicirlle que nada dela lle dá noxo, mais simplemente abanea a cabeza.

—Ven, agora mentres hai luz. Tes un peite?

—Teño, e unha cunca metade vinagre metade auga. Proe, mais así podes descolar as lendias.

—Se quedan lendias, axiña volverás telos.

Lavou o cabelo, ten as trenzas desfeitas. Sisca vai separando guechos, mollándoos co vinagre, tirando os bechos co peite, esmagándoos entre os dedos, procurando as lendias, pequenas que case non se ven. Que cabelo tan suave! Parece que ten nas mans os fíos de bordar. Como se se fixese eco dos seus pensamentos, Fefa di:

—Que mans tan suaves! Podería estar así toda a tarde, coa cabeza nos teus xeonllos.

Ela tamén sería capaz de peitear o seu cabelo durante horas. Porén, a escuridade baixa do ceo, entra polas fiestras. Imposible ver cousas pequenas. Pouco faltaba, mais ten que interrompelo.

Domingo. Despois da misa e do almorzo, sor Angustias entra no dormitorio cunha lista na man:

—Otilia, Asunción, Consuelo, Ramona, Xosefa, Francisca, Vicenta. Veña, apurade, non van estar esas señoras agardando por vós.

Sete. Quen son esas señoras e para que agardan non o di. Tampouco saben quen as escolleu nin por que. Só que Sisca está na lista e tamén Fefa ou Pepa, a da cebola e a tintura de láudano. Ao pasaren entre as outras, a Caparrabicha cospe con desprezo. Non pode saberse se é por Fefa, por Sisca ou por sor Angustias, que non se decata.

No cuarto ao que as conduce hai xa un par de ducias de mulleres, e aínda chegan máis, entre elas tres que levan no colo nenos pequenos. Mándanas sentar. Diante, de pé, está a Visitadora, de negro como o outro día, con dúas señoras máis novas ca ela, vestidas de modo moi diferente, unha leva roupas verdes, e a outra, gris pálido.

—Preciso de toda a vosa atención —di a Visitadora—, porque me vou dirixir principalmente ao voso entendemento. Sei que ignorades as leis que vos condenan, descoñecedes a súa xustiza, tendes ideas confusas da virtude, do deber. Todas estades necesitadas de que unha voz amiga, mais severa, vos explique en que faltastes, por que sodes castigadas. O camiño que emprendestes está cheo de precipicios que non distinguen os vosos ofuscados ollos, e que pode mostrarvos quen o ve con claridade. Facede uso do entendemento que recibistes de Deus.

Despois di que o primeiro é aprenderen a ler, mais Sisca non atende á súa pauliña; ademais das palabras incomprensibles, semella ter o propósito de causar anoxo, ou iso é o que provoca nela. Descoñece a xustiza? Non houbo xustiza para ela. Non faltou, cumpriu co deber que lle era máis sagrado. A súa voz é severa, mais non amiga. Que pode saber ela da súa vida, das penalidades destas mulleres que ten diante? Nunca pasou fame nin viu morrer un irmán pola miseria. E nunca...

—Esta sala é, a partir de hoxe, a escola da Casa-Galera, e teño que agradecer ao señor alcaide que a puxese á nosa disposición. Todos os domingos, despois da misa, as señoras da Sociedade da Madalena ensinaranvos a ler e escribir, leranvos en voz alta textos edificantes. Algunhas de vosoutras podedes ler. María, Pepa, Francisca, sabémolo. Estades aquí para axudar as demais.

Escoitar o seu nome cáusalle un sobresalto. María, pola ollada da Visitadora, debe ser unha das mulleres que ten un neno no colo. Que vai aprender, entón? Por que decide esta señora que debe axudar outras? Non quere que ninguén mire para ela nin escoitar o seu nome pronunciado en alta voz. Se ten que pasar aquí tres anos máis, polo menos que ninguén lle preste atención. O da Sociedade da Madalena confúndea. Pepa míraa de esguello e supón que está pensando se serán as mesmas madalenas que ao acabar a condena prefiren ficar no cárcere, facer de criadas das monxas, tocar a campá para sinalar as horas. Sor Angustias chámalles as arrepentidas. Ela non se arrepinte de nada nin quere ser criada nunha prisión como esta á que a Visitadora chama Casa-Galera. De ningún modo é nin pode ser unha casa, nin sequera a máis pobre como a súa. Se pode, non volverá ningún domingo a que lle boten roñazos.

—Estas señoras encárganse hoxe da escola: dona Julia Viqueira de Cortón e dona Rosa Rodríguez de Tuñón, a tesoureira da Sociedade da Madalena. Mercaron para vós estes libros que aquí vedes, silabarios, catecismos e, para aprenderdes a escribir, lousas escolares e cartillas. Sen o traballo voluntario destas señoras, a escola sería imposible.

A Visitadora marcha. O resto do tempo transcorre coa explicación das vogais cun libro que debe ser o mesmo que usaba a señora Paquita: *a* de ala, *e* de elefante, *i* de indio, *o* de ollo, *u* de uva. Hai un libro para cada dúas mulleres e as señoras mandan copiar as letras na lousa. Dona Rosa dille que debe axudar as outras, mais non sabe como. Seguro que as outras mulleres tampouco teñen idea de que un elefante é moito máis grande que un rato, como non o sabía ela, ou do que é un indio, algo que aínda non aprendeu.

—Todos os días —di a señora Julia, a do vestido verde— acabaremos cunha lectura. A de hoxe é deste libro. Chámase *Cantares gallegos*.

Vente, rapasa,
vente miniña,
vent'a lavar
no pilón d'a fontiña.

As bágoas rebordan os seus ollos, non pode impedilo. Así lavaba coa nai no río ou no lavadoiro. Iso está escrito nun libro? Parece imposible, os libros non están na lingua que elas falan. Mais lembra o da gaita, que lera coa señora Paquita, aínda que aquel non era sobre ela. Muda de plans. Terá que volver aos domingos, aínda debendo aturar as pauliñas da Visitadora. Con todo, non podía esperar o que ocorre despois:

—Ven, Pepa —di a señora Julia, cun ton que non admite desobediencia—. Le aquí, nesta páxina.

Pepa levántase e vai camiñando ergueita, a cabeza alta como se fose unha princesa, non unha reclusa, unha delincuente, como lles chaman aquí. Non diría que é fermosa, mais ten un modo de camiñar e moverse que non se parece ao de ninguén. Ao seu paso, as outras mulleres arrédanse, apartan as roupas para non rozar as dela. Diríase que causa medo. Faise o silencio, unicamente choromica un neno. A voz de Pepa é clara, non tropeza en ningunha palabra:

Campanas de Bastavales,
cando vos oyo tocar,
mórrome de soidades.

Cando vos oyo tocar,
campaniñas, campaniñas,
sin querer torno a chorar.

Cando de lonxe vos oyo,
penso que por min chamades,
e das entrañas me doyo.

Dóyome de dor ferida,
qu'antes tiña vida enteira,
y oxe teño media vida.

Solo media me deixaron
os que d'aló me trouxeron,
os que d'aló me roubaron.

Esta vez non é a única en chorar. Quen escribiu isto, que sabe tanto da súa vida aquí? Alguén a quen deixaron só media vida, se é que os días do cárcere poden ser chamados vida. Unha muller, porque un home non admitiría que chora. Poden as mulleres escribir libros?

Non pode tirar os versos da cabeza en todo o día. Hoxe teño media vida. E das entrañas me doio. Chove, o pouco que se albisca polas fiestras está gris.

Á noite, na escuridade do cuarto, volve a cabeza cara a Pepa e bisba.

—Onde aprendiches a ler? Les tan ben como as señoras ou mellor.

Non contesta. Imaxínaa sorrindo e continúa baixiño; está prohibido falar, ás veces vén unha monxa ou Felisa para vixialas.

—Cando saia de aquí, mercarei o libro de *Cantares gallegos*, lereino todas as noites até sabelo de memoria. Imaxinarei que es ti quen o le.

Fefa achégase silandeiramente, inclínase até as bocas unírense. Linguas e beizos devorándose. Que é isto tan doce? É posible que dúas mulleres…? A man de Fefa aloumiña as súas meixelas, as orellas, o colo, detense na abertura da camisa. Media vida?

CARTAS AOS DELINCUENTES

Nas noites de insomnio a Visitadora pregúntase se cre verdadeiramente nas ideas que expón ás reclusas nas súas alocucións, nos pensamentos que articula no libro dirixido aos delincuentes. Estima xustas as leis que condenaron as presas? Iso deu a entender cando lles dixo, o primeiro domingo da Escola na Casa-Galera, que descoñecían a xustiza das leis polas que foran condenadas. Con toda certeza ignoran as leis, mais talvez a prédica agochase erros. Adoita comezar as súas obras con preguntas e a primeira debería ser: Hai xustiza en todas as leis? Foron castigadas por faltar a deberes sagrados ou porque as leis non recoñecen os deberes que cumpriron? Son máis altos os deberes cos fillos, co pai ou a nai ou os mandamentos da lei?

Non sempre os condenados a prisión ou mesmo a morte ofenderan a xustiza. Seu pai, o inesquecible Ángel, foi sentenciado a castelos por defender a Constitución, os deberes patrios. Por causa da liberdade, Juan Díaz Porlier e Rafael Riego morreron enforcados; Miguel Solís e os seus compañeiros, fusilados en Carral. Mina debeu exiliarse a Inglaterra, proscrito, enfermo e pobre, para evitar a morte. A propia Juana María só conseguiu fuxir da Coruña co pai en 1823 grazas a un afouto patrón de barco, José Isern, que arriscou a vida para salvar a muller do heroe que máis admiraba.

Se hai ou puido haber militares presos, homes dos que se di que foran axustizados, malia seren máis xustos que os xuíces, non debemos supoñer que tamén haberá reclusas vítimas de inxustizas? O contrario sería aprobar as ideas que relegan as mulleres en todos os ámbitos. A Visitadora descoñece por que foron condenadas a meirande parte das presas na Galera. A súa misión non é pescudar se as sentencias foron xustas ou inxustas, senón inspeccionar o funcionamento do cárcere. Debe lembralo para si mesma logo de cada visita, para calmar o desacougo. Mais todos os funcionarios, o alcaide, sor Angustias, o médico, as empregadas, até a indigna Felisa falan abertamente da historia desta ou daquela presa, non hai intimidade sen descubrir, comprácense en desbridar a cicatriz que agocha a ferida. Segundo din, as máis delas son mulleres da rúa. O decoro da cidade require sacalas dela. A prostitución inspíralle repugnancia. Porén, hai que entender as circunstancias.

—É a necesidade, non o vicio —advirte Juana María—, o que impulsa as míseras rapazas a venderen o seu corpo.

—Será. Probablemente na maioría dos casos non teñan outra opción. Vender por uns poucos reais a un home repugnante o dereito a recibir del unha enfermidade noxenta.

—Elas, á Galera, contaxiadas de doenzas venéreas, mentres os homes que as compran —prosegue Juana María—, moitos deles da boa sociedade coruñesa, dormen tranquilos nos seus leitos. Pois se o comercio carnal é un pecado contra Deus e un delito nas leis, por que só unha parte del é castigada?

Hai quen foi presa por roubar pan. Está lendo *Les Misérables* de Victor Hugo, publicada hai dous anos e xa, por certo, guindada pola Igrexa ao Índice de Libros Prohibidos. O protagonista, Jean Valjean, é condenado a cinco anos por roubar un molete de pan para dar de comer á familia. Pode ser castigado dese modo roubar para comer? Outras foran recluídas por abortos, crime polo que sente especial repulsión, se ben entende a Juana María, quen, sen aprobalo, se doe das pobres mulleres que se ven obrigadas a recorreren a el. Certamente cómpre odiar o delito e compadecer a delincuente.

Na Galera hai algunhas asasinas, mesmo unha que agarda o garrote vil nunha cela de castigo, para a que Juana María, Pardo Bazán e mais ela solicitaron o indulto, xustificándoo en que a morte fora accidental: non houbo vontade de matar, senón de bater nel para botalo fóra. Non sen recibiren críticas, na cidade son maioría quen consideran ser a pena de morte a pedra angular da sociedade e teñen a pluma na man e o espazo para defender esta idea nos xornais. Fóra desta, as asasinas máis notorias do cárcere, coñecidas polos alcumes de a Loba e a Cirurxiá de Celanova, ficarán presas de por vida; foilles conmutada a pena capital pola cadea perpetua. Porén, a muller de vinte e tantos anos que chaman a Loba teima en que ela non asasinou a seu pai adoptivo, polo que na prisión ten sona de mentireira; as delincuentes adoitan presumir dos seus crimes con fachenda. Talvez sexa esta Loba —seica matou coas súas propias mans un lobo sendo noviña, o alcume non é debido a unha ferocidade que está lonxe de aparentar— quen ten máis estudos de todo o cárcere. Segundo Julia de Cortón, leu un poema de Rosalía de Castro con tal sentimento que as mulleres choraban. A Cirurxiá mesturou arsénico na comida de dous familiares, disque coa intención de que os seus fillos herdasen. Seren os fillos o motivo do crime foi o argumento para que non a axustizasen. Ao contrario da Loba, a súa expresión é impenetrable; talvez experimente emocións, mais non permite que se reflictan no seu rostro.

E Francisca? Case tan hermética como a Cirurxiá, pese a súa xuventude; nunca baixa a vista. As entrañas da Visitadora estremécense cada vez que a ten diante. Non pode evitar ver nela a súa filla morta, son dunha idade. Ignora o crime que cometeu ou do que foi acusada. Malia as insinuacións de sor Angustias, que se refire a ela como unha criminal desapiadada, que borboriña palabras como delito arrepiante, pecado horrendo, mostrando que ferve por contarllo en detalle, conseguiu eludir as preguntas. O seu rostro, o primeiro día da Escola na Galera, ao falar ela das leis, da xustiza, era un enigma. Pregúntase se choraría como choraron as outras ao escoitar o poema. As bágoas mostran que as penadas teñen sentimentos, hai esperanza na rexeneración.

Sendo as *Cartas aos delincuentes* destinadas a elas, tivo a idea de poñelas a proba na Galera antes de as enviar á imprenta. Juana María, malia as súas reservas sobre a dureza dalgúns parágrafos, sobre a conveniencia de apelar con frecuencia a Deus e ao pecado, prestouse a colaborar no experimento. O propósito da Visitadora é observar as reaccións das presas á lectura; resultaríalle difícil facelo se tivese que ler. Senta, pois, calcetando, procurando pasar inadvertida. En segundo lugar, poucas persoas hai cunha voz tan harmoniosa e que lean con tanta emoción como Juana. Esta semana le a carta 29, Infanticidio, Aborto, artigos 336 ao 340 do Código Penal:

"As feras nas súas cavernas coidan amorosamente os fillos; os paxaros cruzan os aires á procura de sustento para eles e loitan co que os ameaza; déixanse despezar, mais non abandonan os seus filliños queridos. Todo animal tímido ou ousado, débil ou forte, fermoso ou horrendo, manso ou feroz, ama tenramente o fillo, ampárao, prívase do sustento por sustentalo, déixase matar por el… Só a muller o mata!

Quen é a muller? Quen é esa criatura que atropela unha lei santa; que pon a man impía onde a pantera non ousa poñer as súas gadoupas; que turba as divinas harmonías do amor maternal co grito aterrecedor do inocente fillo que inmola? Quen é o ser incomprensible que destrúe o froito das súas entrañas? É a compañeira do home, coa súa fronte pura, a súa doce mirada, o seu corazón amante. É esta a criatura que mata o seu fillo? Esa é, a mesma. A culpa e o erro puxeron a man sobre a súa fronte, e o anxo converteuse en monstro.

E non pensedes, mulleres culpables de infanticidio, que os extravíos da opinión desculpan o voso crime; só o explican, porque sen os erros que bebestes na turbia fonte da opinión pública, o voso crime sería inexplicable, estabades fóra da humanidade e cumpriría vendervos aos que compran feras para mostralas ao público, e que o domador despois de ensinar a hiena traidora, e a pantera implacable, ao chegar á vosa gaiola vos sinalase coa súa vara candente, dicindo: A nai que mata o seu fillo!"

Escoitando a lectura choran as infelices mulleres, aínda que non todas. A Cirurxiá está calcetando e non pestanexa nin lle cae un punto. Tamén é certo que ela non matou os fillos, matou polos fillos. Outras dan mostras de auténtica desolación. Talvez haxa entre elas algunha infanticida, a Visitadora non pode sabelo. Ou saloucan por contaxio, máis que por arrepentimento, á fin teñen razóns abondo para choraren.

"Eu lera a lei que castiga o infanticidio antes de saber dunha muller infanticida, e crin que esta lei non tiña aplicación, que non podía tela. Non imaxinei posible que unha muller puidese destruír o fillo das súas entrañas, aquel pobre meniño que nace chorando para inspirar compaixón, que necesita do amparo de todos; que nada pode, que é inocente, que é sagrado, que antes de que os seus ollos vexan estende as manciñas procurando a que lle deu o ser; que abre a boca buscando a vida no seu peito, que cala no momento en que o colle... e entón ela... a súa nai...

Chorade bágoas de sangue as que inmolastes os vosos fillos; choremos todas e poidan as nosas bágoas reunidas imprimir a gravidade do voso delito na opinión dos homes, e borrar a súa pegada ante o Tribunal de Deus. Se non, o seu veredicto será máis terrible que o da lei humana.

Estas verdades son evidentes tanto cando consuma o infanticidio como ao procurar o aborto, mais ao cometer este delito, expón ademais saúde e vida. Só a ignorancia pode persuadir unha muller embarazada a que procure o aborto, porque a súa vida está tan intimamente unida á do fillo, que non pode atentar contra unha sen arriscar a outra. A muller que procura o aborto por medios violentos pode estar segura de que, aborte ou non, perderá para sempre a saúde e posiblemente a vida. Conservarse sa destruíndo violentamente o fillo que leva nas entrañas é para a muller outra quimera como conservar a honra, perdida a virtude.

Entre a fraqueza e o crime hai un abismo. Mulleres mil veces desventuradas, culpables e cegas, que inmolastes os fillos das vosas entrañas, chorade até o último día da vosa vida; aínda que sexa longa, non terá bágoas abondo para chorar tan horrible pecado. Que se unan a elas as que verteu a bendita entre todas as mulleres e o sangue do Redentor, para que no día da xustiza acadedes misericordia. Que os inocentes sacrificados pola vosa cegueira culpable, en vez de alzarse contra vosoutras, vos dean o amor que lles negastes, o amparo que en vosoutras non acharon; que como un coro de anxos cheguen ao trono de Deus, e cando o Xuíz supremo diga: Muller, pídoche contas do sangue do teu fillo..."

Juana María non pode acabar a lectura. Francisca levántase, derrubando a cadeira e berra frases inconexas:

—O sangue... O sangue de quen? Nunca un monstro...

A Visitadora érguese, mais chega antes sor Angustias. Colle a rapaza por un brazo, abanéaa con forza.

—Como te atreves, criminal?

Crúzalle a cara dunha labazada. Continuaría de non interpoñerse a Visitadora.

—Por favor, non bata nela. Ten dereito a desgustarse. As lecturas son para mellorar o seu espírito, mais poden non entendelo...

A rapaza non mira para ela. Sóltase da monxa e sae correndo.

O incidente cáusalle desacougo. O propósito do libro é facer reflexionar as delincuentes, non axitalas deste modo. Debería mudar o texto? Ten a certeza de que escribiu o que corresponde ao seu pensamento, o que é xusto.

Esta noite tampouco prenderá o sono.

REGUEIFA DAS MALAS MULLERES.
A LOBA

—Na parroquia de Amoedo,
na casoupa ao pé da eira,
naceu Pepa do pecado:
é filla de nai solteira

—É filla de nai solteira,
vosté débeo saber ben,
mais nacer naceu en Couso,
non en Pazos de Borbén

—Veña alá, miña señora,
o seu pai foi o Albeite,
que no corpo da Falucha
procurou o seu deleite.

—Que do ventre da Falucha,
forzada por un bandido,
naceu, non hai trinta anos,
mais de pai descoñecido

Nun lugariño ou noutro, tanto ten onde nacín. Naquela casoupa había moita miseria, mais eu lembro horas de ledicia. Os paporrubios facían o niño no oco dun carballo preto da casa, saudábanme cos seus chíos. Os merlos destemidos ían andando a chimpos diante da porta, en tanto desenterraban miñocas. As ras da cor da herba nova. As abelás de tres en tres no seu agocho entre as follas. A auga do rego, cando ía cheo, cantaruxando. Falucha a cantadora, tirando a comida da boca para eu non pasar fame. Cantaba como os anxos, a xente paraba a escoitala. Dezaseis anos tiña Lucha cando eu nacín. Era tan linda. Iso foi a súa condenación.

—O río cando vai cheo
leva follas e carpazos,
tamén podía levare
do Albeite sucios abrazos.

—O río cando vai louro
leva de moitos colores,
así leva da Falucha
estes e aqueles amores.

—Cálate, vaite calando:
a Falucha foi violada,
dunhas cousas veñen outras
quedou de novo preñada.

—Calade vós, fiadeiras:
tal contan as pecadoras
para ficar a resgardo
das linguas marmuradoras.

Tería eu seis anos cando un día, á noitiña, chegou o Albeite. Viña traer do boi a vaca do veciño. Deixou na mesa unha botella de viño ou de augardente, non sei. Falucha, mira como estou, que fogaxe, é culpa do boi con ese... Déixeme por Deus, don Miguel, pola memoria da súa nai. Polo menos ver as túas pernas, velas nada máis. Ponme a man aquí, Luchiña, non me escapes. Loitaron. El era o máis forte. Nin a levou á cama, tomouna no chan de terra. Ela saloucaba, eu tamén. Mamai, mamai!

—Axudádeme a parire,
mulleres do meu lugare,
levo dous días de parto,
xa máis non podo empuxare.

—Ai, da muller que se perde!
Pobre de ti, pecadora!
A morte vaite levando,
xa non canta a cantadora.

—Adeus, meniña querida,
filla do meu corasón,
orfa quedas, sen acougo,
tende dela compaixón.

—Orfa queda, sen acougo,
e non por beneficencia,
túa irmá vaina levare
para a súa comenencia.

Miña nai, miña naiciña! Ao soterrala chorei os sete chorares. Dorinda levoume canda ela, lonxe do rego, dos merlos, da casoupa de miña nai. Comín codelos resesos, caldo rancio. Levei unha vida de moinanta, pedindo esmola polas feiras finxindo ser eivadiña. Desde os nove anos alindaba as ovellas dun veciño que lle pagaba unha miseria á miña tía. Era máis feliz coas ovellas que andando polas feiras. No monte xuntaba carqueixas para prender o lume, vendíaas de casa en casa a cambio dunhas verzas, de dúas ou tres patacas vellas. Xogaba con Chisco, o can da miña tía, que me quería máis a min. O veciño chamábame para axudar os años naceren. Mollados, sen poderse ter en pé, cousa linda!

—Lobo, aparta das ovellas,
vaite fóra do camiño!
Empuñando o meu caxato
hei fender o teu fociño.

—O lobo na matogueira
morreu de morte matada,
mais non o matou Pepiña,
foi do seu can a trabada.

Doce anos tiña cando, coa axuda de Chisco, matei o lobo, déranme o nome de a Loba. Mais a Dorinda non lle abondaban os cartos recadados nas feiras, o xornal do veciño. Guiada pola cobiza, argallaba outras formas de utilizarme para os seus fins. Colocarme de criada na casa do señor Ramón, irmán de Miguel, o Albeite; despois, quen sabe, ao cabo era a súa sobriña. O señor Ramón posuía terras e vacas, non había ovellas que alindar. Un home adusto, pouco dado a risos, unha casa grande e tristeira. Eu debía atender no comercio, na planta baixa, onde o mesmo se vendía sulfato que fariña, sachos e fouciños que aceite. Para iso ensinoume a facer contas e a ler. Axiña lin todos os libros que había na casa, que non eran moitos. Aos poucos, o señor Ramón, a quen agora chamaba tío, colleume cariño e eu a el. Estaba tan só!

—Pepa a Loba, Pepa a Loba,
ben te quere don Ramón,
en proba do seu cariño,
serás filla en adopción.

—Non me enganas, queridiña,
co aire da túa canción.
Se engaiolaches o vello.
a causa foi a ambición.

Envexa, rancor, cobiza. Desbaldira a herdanza do pai e agora degoiraba a de Ramón. É certo que o sangue turra? Nunca puiden sentir cariño por Miguel, se a forma de esforzar miña nai foi como a que teño gravada por tras dos ollos, tanto daría que mexase ou cuspise nela. Unha pinga de seme non abonda para me unir a el, para chamarlle polo nome de pai. Comprendeu que non o tería por pai e isto excitou a súa sede de vinganza.

—Pepa a Loba, Pepa a Loba,
aí che vén o alguacil.
Vaite chamar asasina
polo sangue no mandil.

—Pois o sangue e o coitelo
proban seres asasina.
Ramón deuche o seu cariño
do que ti fuches indina.

Daquela, non tendo esperanza na miña inclinación, o camiño que escolleu o Albeite foi asasinar a meu pai. Non chegaba con matalo, era preciso facerme dano. Deixou no meu cuarto, sempre aberto, o coitelo de cociña e mais o meu mandil manchado de sangue.

Houbo días nos que crin que fora mellor morrer, desexei que logo de matar o seu irmán me acoitelase. Condenada a morte. A sufrir o escarnio, o garrote vil. Por que?, pregunteime unha e outra vez. Que fixen? Despois, seica, houbo xentes que sen me coñecer solicitaron o indulto. Alguén creu as miñas protestas. Semella inocente… non semella inocente… como se a inocencia ou a culpa estivesen escritas na cara. Botáronme a presidio por todos os días da miña vida.

Se alguén por min preguntar, dille que estou en prisións. Mais agora sei que quero vivir. E se vivo, o Albeite non morrerá de morte morrida.

MALPARIR

Turbada antes de empezaren as lecturas de hoxe. Desacougo por algo que lle pareceu ulir, un arrecendo. A Visitadora vén acompañada dunha muller máis vella, graúda, vestida como ela de negro, o cabelo recollido nunha rede. É esa muller a que pasando xunto a Sisca deixou no aire unha pegada a follas de limón, herba acabada de cortar, fieitas. Arrecendo que a fixo viaxar de súpeto á cociña da señora Paquita.

—A que ole?

—Desagrádache? Hai persoas que espirran…

—Non me desagrada, non. Non ulira nada parecido. Que é?

—Auga de tocador. Juana María deume unha botelliña…

Interrompeuse. Nunca, diante dela, se referira dese modo á dona da casa; sempre era a señora Juana María. Sisca fixo coma quen non se decata, cambiando de tema. Todo o que estivese na súa man para a señora Paquita acougar.

—Que imos ler hoxe?

Trouxera un libro chamado *Contos de Andersen* e leron a historia da filla do rei das brañas. Un conto tristísimo, dunha princesa que voou de Exipto a Dinamarca en busca dunha flor das brañas, a única que podía curar o seu pai dunha doenza mortal. Porén, dúas princesas traidoras voaron con ela, e non ben tirou a plumaxe de cisne para mergullar na lagoa onde medra a flor, rachárona e marcharon. O rei das brañas namorou dela, e meses despois unha flor agromou da lagoa, cunha nena no medio. O que máis lle gustou da historia é ser contada por unhas cegoñas. Con todo e ter un final triste, preferíaa ao *Prontuario de historia de España* no que lera a semana anterior do reinado de dona Urraca, encerrada, segundo o libro, polo seu marido no castelo de Castellar.

Mais era necesario regresar desde aquela cociña, da que non querería ter saído nunca, á sala onde aos domingos a Visitadora e outras señoras lles ensinan costura, punto de rede, calceta ou labor de gancho, mentres len libros para curar a súa alma, ou así din. Sisca aprendera coa nai a remendar e mesmo a zurcir, máis difícil ao ter que imitar a tea por onde rachara. Aquí coser é un labor imposible porque non permiten tesoiras ás reclusas; sor Angustias leva unhas penduradas do cinto e teñen que chamala cando necesitan cortar algo. A señora Paquita ensinoulle a calcetar e algo de bordar, aínda que ela sempre dicía que ler e escribir era o máis importante.

—Mira, Sisca, ti non fuches á escola, mais hai moitas rapazas que pasan uns anos na escola e saen sen saberen ler.

—Daquela, para que lles vale? Mellor estarían axudando a nai, coma min. Na miña rúa hai un rapaz, Xacobe, que foi á escola de nenos e aprendeu a ler. Agora fai de mandadeiro nunha imprenta.

—Nas escolas de nenos, si. Mais nas de nenas ensinan labores. Moita xente pensa que as rapazas non necesitan ler.

A señora Juana María non está de acordo, por iso me ensinou a min e eu podo ensinarche agora.

A Visitadora debe tamén ser das que pensa que as mulleres, mesmo as de mala vida que están no presidio, necesitan aprender a ler. Explica que escribiu un libro para elas leren, chamado *Cartas aos delincuentes*, que a súa lectura pode resultarlles de proveito.

—Ao ignorar as leis, atordádesvos, caedes na desesperación en lugar de resignarvos; e a desgraza, que é gran mestra dos que queren aprender, nada vos ensina. Mais a lectura tamén será de proveito para min, pois comprobarei se cumpren ou non o propósito para o que estas cartas foron escritas.

Presenta a señora que vén con ela, a que arrecende a follas de limón, é a Condesa de Mina. Sisca pregúntase se esta condesa será a mesma señora Juana María, mais non a imaxinara tan vella. A Visitadora senta nun recanto e a condesa le. Ten unha voz moi doce, que non se axalda ás palabras terribles.

"As feras nas súas cavernas coidan amorosamente os fillos… Todo animal tímido ou ousado, manso ou feroz, ama tenramente o fillo, déixase matar por el… Só a muller o mata! O anxo converteuse en monstro." E despois "cumpriría vendervos aos que compran feras para mostralas ao público, e que o domador despois de ensinar a hiena traidora, ao chegar á vosa gaiola, vos sinalase coa súa vara candente, dicindo: A nai que mata o seu fillo!"

Choran as presas arredor seu, ou moitas delas. Isto é o que deben aprender? Que ensina? Que algunhas debían estar nunha gaiola? Non chega con as encerraren aquí? As bágoas son contaxiosas, teñen motivos abondo para saloucar. Sisca non chora. Se chorase, sería de carraxe. Mira de esguello para Fefa, e ela levanta un case nada as cellas, como dicindo, pousa, non queda outra que aturar. Se polo menos lesen despois *Cantares gallegos*!

"Chorade bágoas de sangue as que inmolastes os vosos fillos... A muller que procura o aborto por medios violentos pode estar segura de que, aborte ou non, perderá para sempre a saúde, e posiblemente a vida... Mulleres mil veces desventuradas, culpables e cegas, que inmolastes os fillos das vosas entrañas, chorade até o último día da vosa vida... E cando o Xuíz supremo diga: Muller, pídoche contas do sangue do teu fillo..."

Non pode escoitar máis. A ira anúbralle a vista, o sentido. Non é capaz de respirar. Levántase. Di algo, non sabe ben que cousa.

—O sangue de quen?

Sor Angustias terma do seu brazo, abaneándoa.

—Como te atreves, criminal?

Unha labazada, que non doe tanto como as palabras que se cravaron no seu peito. A Visitadora sepáraa de Sisca. Di algo que non oe, porque ao ceibarse da monxa escapa correndo.

Son moitos meses de atapullar debaixo da lingua, debaixo da pel, o que non quere lembrar. Sae todo a cachón como o pus ao rebentar a cicatriz.

O último neno naceu morto un ano de fame, e miña nai perdeu tanto sangue que houbo morrer.

Durmiamos todos xuntos no mesmo cuarto, o único que había. Ás veces oía a miña nai bisbando, non, non, ten coidado, mira que se outra vez... E el, muller, un home é un home, que cousas tes...

Coidado ou non coidado, pasado un ano miña nai comezou a se comportar dun modo estraño. Comía froita verde, ela a quen nunca lle gustou senón ben madurecida, cargaba mobles dun lado para outro da casa sen sentido, chimpaba para atrás sete veces seguidas pola mañá e outras sete pola tarde. Fervía absintio e bagas de cimbro, unha marfallada que cheiraba moi forte, e bebíaa. Vina falando polo baixo cunha veciña que tiña sona de sandadora. Facía máis de dous meses que non levaba ao río panos manchados de sangue. A min viñérame o fluxo ese ano, acababa de facer trece, e comecei a xuntar unhas cousas con outras, a imaxinar que outro irmán estaba en camiño.

Un día, á tardiña, chamoume.

—Ven comigo, Sisca. Teño un labor que facer.

Camiñamos durante case unha hora por rúas moi afastadas da nosa. Non me dixo a onde iamos nin eu preguntei; na súa cara líase o desacougo e iso poñíame medo. Finalmente chegamos a un comercio co letreiro, "Carnizaría". Dentro, un mostrador con anacos de carne, fígado, chourizos pendurados nunha corda. Preguntéime se foramos tan lonxe para mercar fígado; carne case nunca entraba na casa. E por que a esta hora, debía estar a punto de pechar, coa porta medio entornada.

Mais o carniceiro sabía a que viñamos. Fixo un aceno coa cabeza e miña nai pasou para a parte de atrás. Despois indicoume un tallo para eu sentar, cortou unha talladiña de chourizo para darmo e pechou a porta da rúa.

—Tranquila —dixo miña nai—. Non teñas medo.

Comprendín que ela si estaba atemorizada.

Non sei canto tempo agardei sentada no tallo. Intentei mastigar o chourizo e non pasaba pola gorxa. Do cuarto de atrás chegaban de tanto en tanto saloucos afogados, como se miña nai tivese un trapo na boca. Se cadra tíñao, como cando naceu o último. Fixei a ollada nunha fita amarela de papel pegañento, pendurada do teito, na que había moscas pegadas, e para non matinar no que ocorría do outro lado da parede, intentei contalas. A señora Paquita ensinárame a sumar, restar, multiplicar e dividir. Mais perdía a conta cada pouco. Ao cabo dun tempo que me pareceu moi longo, saíu miña nai, pálida, acompañada por unha vella que termaba do seu brazo. Achegueime e aperteina, con medo a que caese.

—Vamos logo —dixo, e sorriu debilmente.

—Ande con tento —advertiu a vella, e pensei que se refería á volta para a casa, mais non—. Malparir estraga. Dígallo a el... —e volvéndose a min engadiu—. Disto, xa che diría túa nai, nin palabra a ninguén. Podemos ir todos presos.

Apoiándose no meu ombro, desandamos o camiño á casa. Chegamos de noite e ela foi para a cama. Antes de me deitar, tiven que mudar varias veces os panos ensanguentados. Esa noite non daba prendido o sono, nos meus oídos resoaba a palabra que usou a vella: malparir. No mostrador da carnizaría había coitelos, ganchos, ferros aguzados, mesmo unhas tesoiras enormes que serven para cortar as tripas. No entresoño representábaseme o home metendo un deles entre as pernas de miña nai.

Era algo do que non podía falar con ninguén, nin sequera coa señora Paquita. Podían botarnos todos a prisión, dixera a vella. Con todo, ela decatouse.

—Estás tristeira, Sisca?

Eu encollinme de ombros, sen contestar. Que podía dicir?

—É por cartos? Se podo axudarte, dimo.

Abaneei a cabeza.

—Non será por un mozo! —e sorriu.

—Non ho! Eu non quero ter tratos con mozos. Nunca, nunca!

Aquilo saíume do máis fondo das tripas. Se o resultado de andar con homes era a carnizaría, malparir, nada diso para min. Aínda que todas as rapazas da miña idade devecían por ter noivo. Carmela teimaba no bonito que sería ter amores, especialmente se nos encontrabamos con Xacobe, botáballe olladas lánguidas, batendo as súas longas pestanas.

Ela sorriu, con aquel sorriso doce.

—Es moi nova. Nun ano ou dous talvez esteas namorada. Daquela...

—Pero non todas as mulleres teñen mozo ou casan —e, afouta, atrevinme a dicir—. Vostede non casou e vive feliz.

Nada máis dicilo, pesoume. Ía amoucarse, botarme da cociña, da casa.

—Non quería dicir... eu... Ten que desculparme...

Mais ela, no canto de anoxarse, riu a gargalladas.

—Ben mirado levas razón. Non casei, non. E vivo feliz.

Por un tempo, cousa de ano e medio, nós tamén vivimos, se non felices, ao menos tranquilos.

AS MALAS LEIS

A Visitadora imaxina, nesas noites en que non prende o sono, que talvez encontraría solaz nos baños de mar. Como tantas cousas, se o fixo só contadas veces; se teme facelo, é polos dixomedíxomes, sendo case imposible para unha modista coser un traxe de baño que ao se mollar non revele as formas do corpo. A opinión que existe na Coruña sobre as xentes que toman baños de onda é ben seren foranos, ben unha caste especial de persoas, os chamados "bañistas", individuos que atenden sobre todo a preceptos da hixiene, mesmo por riba do decoro. E que dicir das mulleres bañistas! Entra a auga, sae o decoro. A reputación dos baños mellorou unha miga despois de a raíña viaxar a Santander para tratar unha afección da pel.

Cando nenas, algúns días do verán, ían camiñando a media hora que separaba a casa de Leiro da praia de Miño. Baixo a atenta mirada dos pais, entraban as tres brevemente na auga. Non máis de cinco minutos, advertía súa nai, sempre agoniada, sen deixar de mirar as agullas do reloxo de peto do pai. Non pode lembrar se os pais tomaban baños, seica non. Ao regresar á casa cumpría lavarse moi ben nun barreño de zinc no medio da cociña, tirar o salitre que deixaba o corpo pegañento. Ah, se puidese recuperar aquelas mañás na praia, estomballada na area sen coidarse do que traería o porvir, atendendo unicamente ao bater das ondas. Regresar cansa, durmir profundamente ás noites. En Armaño había un rego, os rillotes da aldea xogaban a carón del, ou máis ben pelexaban a coiazos en dous bandos enfrontados, batallas que no verán adoitaban ter un final na auga. Aínda sen gustarlle as liortas, moito envexaba aqueles rapaces que podían mergullar na auga, o corpo medio nu.

Nestes días a despreocupación é imposible. Unha teima fúraa por detrás dos ollos, silandeira mais persistente como a couza rillando os mobles na casa de Armaño, que é a xustiza, como levar xustiza, unha pouca xustiza, ás prisións. Nin ten a certeza de que as *Cartas*, nas que tantas forzas empeñou, cumpran o seu designio, abrir os ollos das delincuentes, confortar a súa debilidade, consolar o seu desconsolo. Talvez causen aínda máis desespero a mulleres sen esperanza. A boa intención non chega, ás veces produce resultados daniños. Ten o propósito de falar a soas coa rapaza, Francisca, á que tanto turbou a lectura; sor Angustias intentou de novo iluminala sobre os seus crimes, mais mandouna calar.

Porén, neste intre, angueiras máis urxentes reclaman o seu empeño, causan frustración, desacougo, insomnio. A Sociedade da Madalena, ademais de fornecer axuda material, mercar leite e roupa para os pobres nenos do cárcere, candeas de cera para o oratorio, vestidos e algúns recursos para as presas rexenerárense unha vez licenciadas, perseguía dúas ambicións: establecer unha escola e organizar o traballo das penadas. Á fin, non puido conseguir nin unha cousa nin a outra. Será que todos os seus proxectos van dar en fracaso?

A escola, a súa grande ilusión, iniciouse aos domingos, con señoras voluntarias da Sociedade. Ía tan ben, había tantas mulleres que desexaban asistir que un tempo despois se ampliou aos xoves; procurouse mesmo unha axudante. Os resultados eran satisfactorios, as mulleres aprendían a ler; as que os primeiros días viñan desguedelladas e sucias, aos poucos foron aparecendo co cabelo recollido, o mandil limpo. A lectura de poemas, sobre todo poemas en galego do libro *Cantares gallegos* recomendado por Juana María, causaba nelas intensa emoción, a mesma que Juanita sentira ao ler algúns deles no *Álbum da Caridade*. Erran quen afirman que as presidiarias albergan un corazón de pedra. Tiña o propósito de inaugurala formalmente, talvez convidando o Arcebispo, que tan xenerosamente contribúe á Sociedade, ou solicitando a Jesús de Monasterio un agasallo, unhas pezas do seu violín. Porén, por causas tan desagradables que non quere nin lembralas, as socias tiveron que retirarse da escola. Por parte das corrixendas non houbo falta ningunha, son outros quen impiden a realización das obras de beneficencia.

Ao comezo semellaba un problema limitado á escola, as señoras da Sociedade non podían ensinar na Casa-Galera. Xa era desgusto abondo, un primeiro fracaso. Agora, mesmo as visitas ao cárcere están encontrando obstáculos insuperables.

—Envíalle un oficio ao gobernador da provincia —propón Juanita, que, malia os muros cos que ten topado, segue posuíndo unha fe inquebrantable na maquinaria institucional. Mesmo cando os que gobernan non comparten precisamente as ideas liberais.

A Visitadora, neste intre presidenta da Sociedade, doríxese, pois, ao gobernador da provincia, solicitando autorización para as socias poderen visitar a Galera, co obxecto de instruíren as presas nos seus deberes relixiosos. Isto é moi necesario, hainas que nin persignarse saben. Segundo entende, pecado e delito van unidos, poñamos os medios para as retornar ao rego da virtude e coutaremos a caída no crime. A solicitude é respectuosa e está ben argumentada. A maquinaria ás veces funciona. O gobernador responde nun atento oficio, dando a súa aprobación ás visitas.

En virtude deste documento, un día en que chove a cachón e os refachos de vento volven os paraugas do revés, van dúas socias, dona Nicolasa Belorado e dona Rosa Rodríguez de Tuñón, visitar o cárcere. Malia chegaren pingando, conversan coas reclusas, len con elas lecturas piadosas, as obras de santa Teresa de Xesús, imparten bos consellos. Mais, antes de acabar a visita, chega sor Angustias, os beizos pregados, o aceno adusto.

—O alcaide manda que as señoras pasen polo seu despacho. Ten que comunicarlles algunhas disposicións. Non marchen sen antes falar con el, é moi importante.

A Visitadora non presenciou a conversa, mais coñece a monxa, mensaxeira de malas novas. En castigo por desempeñar tal oficio, di a tradición mitolóxica, Apolo mudara en negra a plumaxe dos corvos. Talvez calquera día contemple a branca touca da cor do carbón.

—Bo día —saúda o alcaide, que adoita gardar as formas—. Senten, senten.

Non parece prestar atención a como elas teñen a roupa enchoupada, revelando os esforzos necesarios para levar a cabo a súa misión.

—Vostede dirá.

—É o meu deber advertir as señoras. Recibín ordes do alcalde da cidade sobre as visitas. É necesario que avisen anticipadamente do día e hora en que teñen previsto vir á Galera. Pídolles encarecidamente que lle comuniquen estas ordes á presidenta da sociedade.

—Mais nós temos un oficio do gobernador civil autorizando as visitas...

—Seino, seino. Valoramos grandemente as obras de caridade que vostedes levan a cabo. As visitas están autorizadas, non hai dúbida. Porén, deben ter en conta que existen outros condicionantes. O bo goberno dun establecemento como este depende de seguir uns horarios, unhas pautas. Non hai lugar para improvisacións.

—En canto ás horas —responde Nicolasa con prudencia— e precisamente para non alterar a orde do establecemento penitencial, nós viremos ás horas que o alcaide teña a ben indicar. Mais o día dificilmente pode ser fixado.

—Eu transmito as ordes do señor alcalde. Vostedes verán se lles convén seguilas. Mais advirtan a presidenta.

A presidenta pregúntase quen, neste sarillo administrativo, manda en quen. Sendo o gobernador autoridade suprema na provincia, semella que un simple alcaide dun dos moitos cárceres non tería capacidade de poñer pexas, agochándose detrás do alcalde. Por outra banda, o alcalde non ten ou non debería ter competencias sobre as prisións. Mais os que ostentan algún mando adoitan arrogarse poderes sobre todo o que teñen arredor e máis sobre as mulleres; a advertencia vai en serio. Pasados uns días, querendo outra socia, Julia de Cortón, que viaxou expresamente desde Bergondo, visitar o cárcere, élle negada a entrada.

—Laméntoo moito, mais non pode entrar. Deben informar con suficiente antelación do día e hora das visitas. Comuníquello á presidenta da sociedade.

A Visitadora, como presidenta, informa as socias de que non se lle alcanza motivo racional para semellante esixencia, polo que só pode contemplala como un acto de hostilidade, tan imposible de xustificar como de comprender, sobre todo desde o punto de vista da xustiza e da caridade. O alcaide crese Deus e sitúa nas portas do seu recinto —que non é seu, nin un xardín do Edén, senón todo o contrario— o que no seu delirio imaxina un arcanxo con espada flamexante, aínda non sendo máis que un garda mal barbeado.

Quen manda en quen? Quen obedece a quen? O alcalde, don José María Abella Rodríguez, é popular entre a veciñanza da cidade por mandar suprimir os caleiros que verten auga desde os tellados e deixan os paseantes pingando; agora será preciso encanalos noutro vertical que leve a auga ao chan. Talvez sexa un rexedor eficiente en cuestións de auga, mais non respectou o disposto polo gobernador. A autorización á Sociedade da Madalena non impoñía condición ningunha. En todo caso, se é certo o que di o alcaide, e non unha escusa, o alcalde non posúe facultades para impedir que unha presa —que non está incomunicada— teña unha conversa coa persoa que a visita, nas horas que o alcaide dispoña.

A consecuencia, matina con amargura a Visitadora, é que as presas do cárcere da Galera poden recibir calquera día o seu cómplice, o que as perdeu, mais aquela que vai ensinarlles o que para vergonza de todas ignoran, esa non a recibirán, pois no nome do señor alcalde se lle di: Isca! Atrás, porque non avisou vostede do día en que ía vir. Que precaucións militares ou gobernativas sería preciso tomar cando unha socia da Madalena vai ensinar a doutrina a unha presa e levarlle traballo de costura? A quen recorrer? Ao ministro da Gobernación? De novo ao gobernador civil? O segundo podería levar a un conflito entre a autoridade civil, superior, e a municipal. Mala cousa sería para unha obra de caridade expoñerse a causalo.

Suxire Juana María, máis dada á diplomacia, se non sería posible que as socias da Madalena fixasen uns días para visitar a Galera.

—Concha, o ano en que o rei se xuntou cos franceses para destruír a liberdade, meu pai e mais eu queriamos embarcarnos para nos reunir con Mina, antes de que a escuadra francesa entrase no porto na Coruña. Para saír, ademais dos pasaportes con nome suposto, necesitabamos un permiso do gobernador militar, dos mesmos que, se puidesen, condenarían a Mina a prisións. Como as relacións con meu pai non eran as mellores, acordei ir eu mesma no medio do fogo dos asediadores, e conseguino.

—Que queres dicir?

—Ás veces é preciso negociar. Se avisar do día e da hora é o obstáculo, talvez non resulte insuperable. Mellor concertar uns días, aínda que non sexan moitos, que renunciar ás visitas.

—Ah, mais as socias son persoas moi ocupadas. Os ociosos, ti ben o sabes, non adoitan dedicarse a obras de caridade. Algunhas gozan de pouca saúde, é o caso de Nicolasa, que xa ten unha idade, non sei como non apañou unha pulmonía coa molladura. Outras viven lonxe do cárcere; Julia está ás veces na casa da Coruña, mais pasa longas tempadas na Quinta de Vixoi, a máis de cinco leguas de aquí, e ten unha filla pequena. Non poden avisar con anticipación do día e a hora. Se cadra, ese día teñen unha ocupación improrrogable ou sofren un padecemento. A min mesma, o estado da miña saúde impídeme esas visitas.

—Mais ti, precisamente, non vas. Falamos das socias que van, que non son as de pouca saúde...

—Aínda as que poden e queren ir, ao prepararse para saír, encóntranse ás veces con que chove a caldeiros e o vento zoa. A chuvia e o vento son tan frecuentes na túa cidade, Juanita! Cando iso ocorre, é imposible cruzala. Os paraugas vólvense do revés, andas batuxando nos charcos. Os caleiros, mentres ese alcalde que tan pouco nos quere non os dá encanados, desaugan sobre calquera que ouse pisar a rúa... Queres que as socias camiñen nesas condicións? Daranse todas de baixa.

—Ás veces é imposible razoar contigo. É todo ou nada. Non sempre conseguimos levar a cabo os nosos plans e cómpre modificalos... Queres un chocolate?

—Non quero, non. Non sei o que ten o chocolate, gústame, mais dáme dor de cabeza.

—Pois chama os teus fillos. Seguro que eles si queren.

Os fillos. Outra dor de cabeza distinta da do chocolate.

DESBRIDAR A CICATRIZ

Pasado un ano e medio, pensaba que xa non habería outros irmáns, que miña nai non quedaría preñada de novo. Catro chegan cando non sempre hai de comer e cun só cuarto para durmiren todos. Miña nai tiña trinta e tres anos, non é idade para máis fillos. Manuel comezou a traballar de albanel, uns poucos cartos máis que entraban na casa. Eu seguía indo polas mañás esfolar as mans na da señora Ignacia. Nola cociñaba, limpaba a casa, axudaba a miña nai no río e tiña conta da pequena Marica. Secretamente, eu matinaba en procurar colocación de aprendiza nun obradoiro de costura; sabía non só remendar e zurcir senón algúns puntos de bordado. A miña aspiración xa non era servir nunha casa, nin sequera na da rúa Real. Un ano máis, ao facer dezaseis, Nola tería doce, ben podía substituírme coa señora Ignacia; e Marica, con cinco, tería que se valer soíña. Ás veces pedíalle permiso á señora Paquita, traía para casa o caderno e o lapis, e ensinaba a ler a Nola, ou intentábao. Tampouco quería para a miña irmá ese destino de xeonllos.

Mais un día, era primavera, miña nai comezou outra vez a cargar pesos, dar chimpos cara atrás sete veces seguidas, comer froita verde, cocer as beberaxes. O cheiro amargo do absintio era un sinal ao que eu non quería atender.

Intentaba convencerme a min mesma de que non ía ocorrer aquilo de novo, de que o pesadelo non se repetiría. Talvez fose un atraso, o fluxo nin sempre baixa en todas as mulleres coa puntualidade das campás da igrexa de San Xurxo, a carón do concello, que marcan as horas na cidade. Ela mesma comentou diante de min, ao beber aquela apócema, a ver se me baixa.

Non baixou e finalmente un día chegou o momento tan temido.

—Vamos, Sisca. Xa sabes.

Sabía, sabía, e iso facíao máis duro que a primeira vez. Ela tamén debía estar asustada, fixemos todo o camiño sen dicir palabra.

Todo era igual a como eu o lembraba, o negocio cativo, a carne e o fígado sanguentos, nos que eu vía o sangue de mamai. O carniceiro mirándome con compaixón. Ofreceume chourizo como a primeira vez e eu neguei coa cabeza.

—Moitas grazas, mais non. Estou sen gana ningunha. Non podería tragar nada. Agradézollo...

Entendeu e deume un vaso de auga, que bebín con ansia.

E logo a espera. O papel das moscas ateigado. Sería o mesmo da outra vez? Seguramente non, mais parecíao. Os laios intermitentes escoitados a través da parede. Tiven por un momento a tentación de tapar os oídos coas mans, á fin, estaba soa, a porta da rúa pechada, ninguén me vixiaba. Con todo, non cheguei a facelo pois temía que, se eu non a escoitaba, miña nai podería morrer. Era a única axuda que lle podía ofrecer: compartir, en certo modo, o seu padecemento. A espera figuróuseme máis longa, os saloucos máis arrepiantes.

Finalmente saíu, apoiada na vella como a primeira vez, pálida e suorenta. Como a primeira vez, a vella roñaba:

—Dígalle ao seu home que ten que coutarse. Entende? A vida dunha muller vale moito, non se pode estragar dese modo. Malparir pon en perigo a súa vida, en perigo a todos os que a axudamos, e cada vez máis. Vostede pode negarse...

Estaba anoxada de verdade. Miña nai encolleu os ombros. Tiña un fío de voz.

—Pouco pode facer unha muller. É así a vida, aturar e calar. Un home é máis forte. Eles non pensan nisto.

Algo fervía en min ao escoitar esas palabras. Aturar e calar? Gustaríame retrucarlle, mais nese intre tiña abondo coa dor, a perda de sangue, a fatiga. Ao chegar á casa, eu nin quería mirar a meu pai á cara. El fíxolle unhas garatuxas, murmurou polo baixo:

—Vaites, muller! Que mala sorte... Axiña estarás ben, xa verás —e despois—: Sisca, unha cunca de caldo limpo para túa nai... e faime algo de cea. Estou esfameado.

Como dicía ela, non pensan naquilo. Non sei se o imaxinan.

En agosto fixen quince anos. Era un mes de pouco traballo de lavar. A señora Juana María marchara a unha casa que tiña en San Pedro de Nós e a señora Ignacia ía unha semana tomar as augas a Mondariz. Na casa non se celebraban os aniversarios, era un día como calquera outro. Mais eu, sen ter que ir onda a señora Ignacia, era feliz saíndo pola mañá cedo, a hora que máis me gustaba, cara ao río para lavar a nosa roupa. De socate, a poucos pasos da casa, encontro a Xacobe, o veciño que fora á escola e sabía ler. Tiña dous anos mais ca min.

—Sisca, feliz día!

Tendíame un pequeno paquete envolto en papel de seda e mais un ramalliño de flores ventureiras das que medran nos penedos xunto ao mar. Ao pensar no seu nome, herba de namorar, púxenme encarnada. Pareceume que el tamén, aínda que non me atrevía a miralo en fite.

—Pero ti... como sabías?

—Oín a túa nai dicíndolle antonte a unha veciña que hoxe facías quince anos... Ábreo —dixo poñendo o paquetiño na miña man—. Espero que che guste.

O papel que o envolvía era dun comercio do centro, Cidade de Londres, un lugar caro onde non me atrevería a poñer os pés. Abrino, era o paniño máis lindo que nunca soñara, azul ceo con margaridas.

—É precioso, precioso, de verdade —e anoeino ao colo.

—Que alegría me dás! Estaba preocupado. Acáeche moito.

Levantei os ollos para mirar os del. Eran negros e brillaban coa ledicia. Ledicia por min? Que tan alto era! Se cadra, máis que meu pai.

—Mais isto custaríache un mundo!

—Estou traballando e gañando un xornal. A meirande parte é para a casa, mais levaba uns meses facendo un peto. Toma, podes gardalas, consérvanse secas...

Tendeume as flores e ao collelas as nosas mans tocáronse, aínda que as separamos decontado. Foi como achegar a man ao lume, unha sensación nova.

—Teño que marchar correndo para a imprenta. Até outro momentiño, Sisca.

—Adeus, Xacobe!

O corazón batíame moi forte. Herba de namorar para min? Dalgún modo imaxinara que Xacobe namoraría con Carmela, a do cabelo negro, os engaiolantes ollos azuis. Sabía que meu pai comezara a facerlle as beiras a miña nai contando ela quince anos. E despois que? Arfando na cama ás noites, quedar preñada, parir e malparir. Era sempre así? Non hai outro camiño para unha rapaza?

Neses días de agosto, á tardiña, Xacobe viña buscarme ao saír da imprenta e paseabamos, unhas veces á beira do río e algunha mesmo na beiramar, que ficaba máis lonxe. Ao comezo falabamos pouco, despois foime contando da súa casa. Ao contrario de min, el era o máis novo dos catro irmáns. A nai morréralle desangrada despois de parir unha nena que non sobreviviu; el tiña catro anos, case non a lembraba. Foi a única irmá, Faustina, Tina, a que fixo de nai. Había seis meses Tina casara, e dous despois debeu casar Xosé, o máis vello: a moza estaba preñada; el e o seu irmán cociñaban, lavaban a roupa, facían todo o da casa. Co pai apenas podían contar, do traballo ía para a taberna; decote chegaba bébedo. Xacobe non o culpaba, a morte da nai foi un golpe moi duro, afundiuno e non soubo saír adiante.

Todo iso foi falando e eu díxenlle tamén da miña casa, dos meus irmáns, da señora Paquita, que me ensinaba a ler, da morte de Xaquín por causa das lombrigas. Ensineille as mans esfoladas pola cinza e el bicounas levemente. Nada dixen dos abortos da nai, como se non existisen. Talvez, a forza de non falar deles, desaparecerían das miñas lembranzas.

Un serán de calmizo fomos á praia. Camiñamos descalzos pola area; eu recollín unha cuncha de peneira, o seu interior de nácara, suave como os pétalos das maceiras.

—Vouche ensinar uns penedos. Mira, aquí collín para ti a herba de namorar. Tela aínda?

—Teño tal! Como non?

Estaba gardada nun recanto da arca, coa única camisa máis nova.

—Sisca…

Tendeume a man e colleu a miña. Os nosos dedos enlazáronse. Ao tocar a súa pel, fervíame o corpo todo.

—Hai polo menos dous anos quería falar contigo, mais non me atrevía.

—Por que?

—Es unha rapaza tan distinta... aprendendo a ler.

Pousou a man no meu cabelo, acariñou unha trenza.

—Non hai cabelo máis lindo que o teu.

—Se é castaño, como o de todas as rapazas...

El riu, un riso contaxioso.

—Engánaste. Haberá outras rapazas co cabelo castaño, mais non son ti.

—O da señora Paquita si que é lindo, tan louro.

—É a que che ensinou a ler? Nesa casa da rúa Real, a señora organizou unha escola para os obreiros da Coruña aprendermos a ler. En setembro irei a apuntarme.

—Ti? Xa sabes ler...

—Un pouco. Para facer de mandadeiro na imprenta chégame. Mais quero chegar a tipógrafo... e antes debo ser aprendiz por un tempo. Para iso é necesario ler e escribir ben, sen faltas. Disque nesa escola das noites ás veces prestan libros. Non che gustaría ter un libro, lermos xuntos?

—Gustaríame si... moito —e seguindo un impulso propuxen—. Ven, vamos mollar os pés no mar.

Aínda non nos soltaramos da man, turrei del para a auga, malia as súas protestas, que ía mollar os pantalóns... Eu teimando en que os remangase.

Poucos días tan felices como os dese verán. Pasaron unicamente dous anos e parecen outra vida.

A mediados de setembro a señora Juana María e Paquita volveron de San Pedro de Nós. O xoves vinte e dous pola tarde, un día que non esquecerei, fun levar a roupa á casa da rúa Real. Levábaille tamén á señora Paquita unha presa de castañas novas. Os castiñeiros da outra banda do río estaban inzados de ourizos; non hai outro verde tan novo como ese, nin sequera o dos dentes dos anxos. Na cociña recolleu a roupa unha moza que non coñecía. Díxome:

—Agarda un chisco. A señora Paquita quere verte.

Ao cabo de poucos minutos entrou ela na cociña. É difícil describir a impresión que causou en min. Parecía outra persoa, o rostro pálido, case amarelo, enfraquecida… Deixouse caer nunha cadeira.

—Como estás, Sisca?

—Estou ben… —acertei a dicir. Non me atrevía a preguntarlle.

—Ben ves ao que estou reducida. Esta doenza non dá tregua.

—Mais vostede curará… nuns meses estará mellor.

Ela abaneou a cabeza cun sorriso triste.

—Esta enfermidade non ten cura. Nuns meses non poderei levantarme da cama e antes dun ano morrerei.

Deixoume sen palabras. Os meus ollos enchéronse de bágoas.

—Non chores —dixo—. Vivín anos moi felices con Juana María. E puiden ensinarche a ler.

Mandei as bágoas para dentro. Se ela era tan valente, eu tamén debía selo.

—Tróuxenlle as primeiras castañas. Gústalle ver os castiñeiros cando están cheos de ourizos?

—Gústame. Aínda admiraba a semana pasada os de San Pedro de Nós. Semellan florecidos. Grazas por pensar en min. Sabes? Vouche dicir algo…

—Diga.

—Segue o teu propio camiño. O teu, aínda que sexa diferente do camiño dos demais. Aínda sendo distinto do doutras mulleres.

O MISERABLE PRODUTO DO TRABALLO

Os fillos dan máis dores de cabeza que o chocolate. Sobre todo un, porque Fernando, matriculado no instituto, é a fonte das súas alegrías. Porén, non tivo outro remedio que enviar a Ramón ao internado dos Xesuítas en Carrión de los Condes, tan lonxe.

Coruña, 27 de xullo 1864

Sr. Don Jesús de Monasterio

Meu querido paisaniño:

Aínda que non podo moverme, é preciso correr moito para alcanzarme. A primeira carta que me dirixiu Vde. non puido dar comigo até Alhama de Aragón, onde os baños non me fixeron efecto ningún, condenados médicos! A segunda non me deu alcance até aquí, onde cheguei o 15. Esta carta vai para que non pense Vde. que o regulamento da Sociedade da Madalena que recibirá con ela caeu das nubes, en vez de serlle remitido por estas mans que han de comer a terra.

Paréceme que sería mellor para Vde. andar á procura de perdices que de harmonías, e digo paréceme porque nestas materias, contra o que está en uso, gasto poucas afirmacións. Compráceme moito velo a Vde. contento da súa obra, a Marcha

Fúnebre Triunfal, que non dubido será digna do amor paternal que inspira.

Se non poño outra traza, creo que non tardarán moito en soterrarme, por conseguinte, unha marcha fúnebre é a cousa que máis me convén. O de ser triunfal podería parecer un obstáculo para que eu faga uso dela; mais non é así porque teño alcanzado moitos triunfos sobre min mesma, e aínda que non está en uso poñer en música os desta clase, alguén debe comezar este bo costume. O triunfo sobre si mesmo ofrece ao artista un vasto campo. Precisa imitar o ruxido dos leóns, o arrolar das rulas, a escuridade dos abismos, a luz do relampo e a voz do trebón. Mais non chegaría, pois os elementos todos desencadeados non teñen temporais como os que axitan o corazón dos homes.

Agradézolle a Vde. a longa carta e os seus bos oficios, e xa que comezou Vde. a obra, acábea con lucimento. Búsqueme, pois, en Carrión un protector que, por exemplo, cando vaia ver a Ramón, me diga cal é a mellor pousada, etc., e que lle digan a Vde. se é de recibo o coche correo de Frómista, que non sei por que me inspira pouca confianza.

E como o papel se vai acabar, quedará vostede con Deus, recibindo lembranzas dos meus fillos, dando as miñas a toda a súa familia e contando sempre coa boa amizade da súa expaisana,

CONCHA

Unha pode triunfar sobre si mesma, mais non sempre é dado triunfar sobre os demais, sobre as circunstancias cando son adversas, cando os inimigos son poderosos. A Sociedade da Madalena propúxose establecer unha escola e organizar o traballo na Casa-Galera. As socias víronse obrigadas a retirarse da escola; en canto ao traballo, todos os esforzos son inútiles.

A meirande parte das presas ou ben están ociosas ou empeñadas en labores que non realizan á perfección, que dan moi pouco produto, é dicir, escasos cartos; labores que non terán saída nas vilas onde a vixilancia da Autoridade as obrigará a residir no tempo que segue inmediatamente á súa liberdade, precisamente cando existe maior perigo de reincidencias.

O único traballo organizado no cárcere era o dos sombreiros de palma, que sofre interrupcións de meses, e até de máis dun ano, tendo o inconveniente de que as reclusas, unha vez licenciadas, non poden continualo senón rara vez. O traballo das prisións, cre a Visitadora, debe organizarse para fóra e ten os obxectivos de dar hábitos de laboriosidade á reclusa e medios de subsistencia á licenciada. Aínda que a industria dos sombreiros de palma non cumpre senón a primeira destas condicións, é un grande ben fronte á ociosidade. Porén, ademais das interrupcións, emprega un curto número de reclusas, comparado coas case trescentas que penan na Galera. Quere a desgraza que a industria destes sombreiros exercida fóra da prisión estea en mans de mulleres mal reputadas, de modo que a licenciada que a exerce na cidade ou nos seus arrabaldes pode estar segura de que sobre ela recaerán as sospeitas de ser pouco honesta, e se se reúne a traballar coas do seu oficio, é moi probable que non estea en boa compañía.

A Juana María indígnanlle os atrancos que a sociedade pon no camiño das pobres reclusas, unha vez licenciadas.

—Unha rapaza pode estar presa por un delito menor, por roubar comida ou uns poucos reais. Cumpre dous ou tres anos e ao saír fica marcada para sempre. Se non ten outro traballo, acabará vendendo o seu corpo… e volverá ser condenada. Se fai sombreiros de palma, dirán que ten mala reputación. Teriamos que crebar ese círculo vicioso. Mágoa esa identificación entre delito e pecado, non poderán tirar o título de pecadentas.

Juana María ten certa desconfianza do modo en que o clero impón as súas ideas sobre quen é bo e quen malo. Lembra os días en que seu pai e mais ela agardaban na Guarda camiño de Inglaterra, agochados baixo nomes supostos, coa angustia de descoñecer a sorte de Mina. Compartían pousada cun párroco ignorante e fanático, que, tratándoa como unha nena, recitaba pauliñas sobre as maldades dos liberais, segundo el ateos e xacobinos, que alcumaba os "negros". Tomando o seu silencio por aprobación, contoulle un suceso arrepiante: "Na miña parroquia houbo unha terrible epidemia de varíola que causou grandes estragos nos nenos. O cirurxián andaba solícito, aplicando uns e outros remedios, cos que logrou salvar algúns. Chameino e díxenlle 'Home, non se afane vostede tanto, deixe que morran todos. Se morren negros, xa se volverán brancos no ceo, porque se esta xeración se conserva, non terá respecto ao altar nin ao trono.'" Nada máis oposto á caridade cristiá. Tampouco teñen compaixón das presas. Aínda que non lle gusta levarlle a contraria a Concha, non comparte a idea de que as misas son o que máis necesitan as mulleres da Galera.

—Todo é parte do mesmo sistema perverso —afirma Julia Viqueira—. Poderían empregarse mellor se estivesen educadas, se soubesen ler. Mais tampouco podemos poñer escola. Con todo, hai algunhas que fían, que cosen ben, que calcetan, hainas que saben bordar. Vímolo na Galera os días que podiamos ler mentres traballaban, malia estaren sen tesoiras, que debían pedir cada pouco a esa monxa de aceno tan agre. Non é certo, Concha?

—A costura é peor que o dos sombreiros! —indígnase Concha—. Sabes que? As que cosen ou bordan están causando un grave dano á industria libre... e a elas mesmas cando saen. Encontrarán envilecido o traballo que as debía soster.

—Que queres dicir? Envilecido por ser feito no cárcere?

—Non, polo prezo tan baixo. Iso só pode ser aceptado por mulleres que están mantidas, para as que é unha gratificación. A reclusa recibe ao cabo da semana ou do mes algúns reais que lle veñen ben; por riba, o Estado queda coa metade dese miserable produto. O valor en cartos é insignificante, mais significa moito polo mal que causa envilecendo o traballo da muller.

—Certo —asente Juanita . É incalculable o dano que se está facendo na Galera da Coruña traballando a uns prezos que economicamente non se poden manter. O efecto é que, por unha reunión desgraciada de circunstancias, a industria libre, que ben pode chamarse industria escrava, tende a poñerse ao seu nivel. Nada hai peor pagado que o branco, e a Galera ofréceo na tenda a un prezo ao que é imposible facelo se quen o cose ten que comer.

—Isto oe na tenda a pobre muller á quen lle resulta imposible traballar a eses prezos —engade Concha—: Se non o quere levar, déixeo, na Galera fanme máis labor do que lles podo dar e máis barato. E mesmo se a desventurada replica que aquelas mulleres están mantidas, vestidas, teñen onde vivir, poden traballar case de balde, mentres ela debe gañar a comida, pagar casa e ten fillos, o tendeiro responde que iso non está á súa conta.

—Algo temos que facer para evitalo —di Julia—. O tendeiro está no seu dereito, mais e o Goberno? E a sociedade? O delincuente que libre rouba ao rico, recluso debe arruinar o pobre? Debe labrar coas súas mans o camiño que o conducirá de volta á prisión?

—Ás veces vai á prisión polo ben que cosía. Dolores, a costureira, está na Galera por ter demasiado cariño ao branco. Algún día hei escribir a súa historia.

Aínda que esquezan a súa presenza, por estar nun recanto da sala lendo, segundo Amalia, a "Defensa das mulleres" no *Teatro crítico universal* do padre Feijoo, Emilia, a súa filla, sorpréndeas ás veces dicindo cousas como esta. Despois volve mergullar no librote. Pobre rapaza! A Visitadora non lle dá máis de tres ou catro anos de liberdade devorando libros, debullando a Feijoo, o seu guieiro desde que comezou a lelo neste ano do centenario da súa morte, soñando empresas intelectuais, antes de casar e empezar a parir un fillo cada ano. Pode unha muller cargada con todos eses adobíos interpretar a Feijoo, escribir libros, historias terribles como a da mellor costureira da Coruña?

—Intentámolo —responde Juanita—. Intentamos facer algo para evitalo, mais aínda estamos agardando... Julia, ti non o lembras porque estiveches de parto e faltaches a varias reunións.

—A Sociedade da Madalena propúxolle á Dirección Xeral de Establecementos Penais organizar o traballo na Galera. A Dirección Xeral pediulle as bases sobre as que pensabamos emprender a reforma. Hai máis de ano e medio que as presentamos. Ofrecémonos a modificalas se non lles parecían admisibles...

—E que responderon?

—De momento non recibimos contestación ningunha.

O MUDO CORO DAS MALAS MULLERES. ARTISTA DO BRANCO

Berra muller, soa, agardando polo verdugo. Soa na cela, mais nosoutras contigo.

Tecín soia a miña teu,
sembrei soia o meu nabal,
soia vou por leña ao monte,
soia a vexo arder no lar.

Teciches soia, soia. E as boquiñas dos nenos.

Deixoume abandonada cando embarcou para América. Prohibe a lei embarcaren os casados sen permiso da muller. A lei! A lei a prohibir, os tunantes a embarcar e as autoridades a facer a vista gorda. Canto chorei! Camiño de Buenos Aires. Disque en Buenos Aires fan falta carpinteiros. Faríán tal, mais non borrachos e lacazáns como o Frutos. Alá non o sabían. De sabelo, non o habían chamar.

Chorei de amargura por me ver abandonada, de rabia. Non por perdelo a el, do cariño apenas ficaban cinzas, polos nenos. Dúas bocas a pedir pan. Se non podía darlles de comer, terían que ir para o hospicio, comer pan de vermes. Ao hospicio, non! Morren nenos cada día, máis dos que fican vivos... Antes traballaría no que fose, mesmo vendendo o meu corpo.

Daquela, á boca da noite, para outros non me veren, fun ao almacén da rúa Real. Mendigando traballo.

—A ver se me pode dar labor para casa. Pídollo, por favor.

—Mellor sería vir vostede coser aquí.

—Sería, mais teño dúas criaturas e ninguén para ter conta delas. Pregúntelle ao dono, traballei para el antes de casar... Dolores é o meu nome. Dinme a Carteira, por ser ese o oficio de meu pai. Deus llo premiará...

Á boca da noite. Cosiches soia, soia. Para os nenos comeren.

Así, levando un pouco labor ao comezo, despois máis, deixando os ollos de noite nas puntillas. E o prezo miserable. Nada hai peor pagado que o branco. Como vai por dentro e non se ve...

—Se non o quere levar, déixeo; na Galera fano máis barato.

Día a día, mes a mes, un ano, cinco anos, nove. Ao non o poder facer máis barato que na Galera tiven que poñer todo o meu empeño en facelo mellor, os bordados máis primorosos, os calados máis finos, a lenzaría de batista máis delicada. Labrando sona de ser a mellor artista do branco da Coruña. Chegando a ter o meu propio obradoiro. Ninguén mo regalou. Os cartos non nacen ao pé dunha fieita.

Teciches soia, soia levantaches o obradoiro. E os nenos.

O neno no colexio para se educar e poder ter un oficio de proveito. A rapaza axudándome no obradoiro, como aprendiza, compartindo espazo coas oficialas. As señoras máis principais da Coruña encargábanme a roupiña das criaturas, o enxoval das fillas. Cosía todo o branco para a señora Condesa de Mina, na rúa Real, mandís con volantes de gasa; camisóns de batista para a condesa e mais para a señora Paquita, tan fermosa, a das trenzas louras.

Nin na fonte nin no prado,
así morra coa carrax,
el non ha de vir m'a erguer,
el xa non me pousará.

Ai se non viñese nunca! Faría Deus mil favores. Mellor estabas soia.

Unha tarde, eu estaba probando un vestido, entrou polo obradoiro preguntando por min un home feito un bandallo, que cheiraba a tabaco e a alcohol.

—Neste momentiño non se pode falar con Dolores —dixo unha das oficialas, tentando escorrentalo.

El ceibou ao mesmo tempo un terno e unha cabicha ardendo que chamuscou unha saba.

—Pódese! Son o seu marido, teño que falar con ela.

Cheguei tremendo. Era el, o mesmo. Volvía coas mans baleiras. Dixo que na Arxentina non había tanto traballo como dicían e pagaban unha miseria. Mais eu ben podía mantelo, agora que era rica. Rica! El, pola súa banda, comprometíase a respectar o meu negocio, deume a súa palabra. Mais a mentira anda barata.

Sei contar verdade, eu mentir non sei! Que vale a palabra dun home?

Ai, que o Frutos era dos que pensan que o home ten o mando na casa e a muller caladiña e a obedecer. Mesmo sendo ela quen gaña o xornal. A súa fachenda non lle permitía deixarme tranquila. Tiña que estar de sobrante, fumando no obradoiro, bébedo, facéndolles as beiras ás mozas.

—Isca, Frutos! Aquí non!

—Tes celos?

—Que celos nin celos! Se algunha rapaza che fai caso, alá ela. Mais fóra de aquí. Non te atrevas a mancharme o labor!

Ben sabía que lixar a roupa era o que máis me asañaba e niso teimaba, por facer dano. Tirar a cinza do cigarro por riba do labor, sobalo, poñer unhas enaguas... Faltando á súa palabra. Que valor tiña a palabra dun borrachón?

Que vale a palabra dun home? E ti peor que soia.

Unha tarde tiñamos exposto un enxoval de noiva, anunciado mesmo nos xornais. A noiva, a nai admirábano, desfacíanse en louvanzas. Entrou o Frutos, e da súa boca comezaron a saír procacidades.

—Este xustillo, para levantar as tetiñas, como dous limóns...

A familia da noiva marchou arrepiada, xurando que o contarían por toda A Coruña... Nin falta facía que o xurasen, eu xa vía o meu nome lixado. Mireino en fite:

—Se volves facer iso, será a última vez que entras aquí...

—Botarme a min? Ti a min? Mira o que fago coas túas boubarías... Vou tripar nelas. Porque quero e me dá a gana.

E guindando ao chan as holandas e encaixes, os bordados que tantas horas de traballo consumiran, comezou a tripalas cos seus zapatos enlamados, bailando sobre eles unha pandeirada estarrecedora.

Entón boteime a el. Convertinme en leoa, en loba. Eran moitos anos aturando. Era o pan dos rapaces, a beleza do meu labor, o desprezo polo meu traballo. Rabuñei a súa cara, deille couces. Puiden cravarlle as tesoiras, levábaas no peto do mandil, mais collín o primeiro que tiña a man, a vara de medir puntilla, e batín nel...

Loba, loba! A nosa loba. Nosoutras lobas contigo. Termando da vara.

Acovardado, fuxiu camiño da escaleira, e detrás eu perseguíndoo. Bébedo como ía, tropezou, caeu a rolos pola escaleira. Bateu coa cabeza no último chanzo, de granito. Alí ficou inmóbil, un fío de sangue abrollando da cabeza. Eu ao principio non comprendía: fora eu quen mallara nel dese modo? Coa vara feita achas? O rapaz dunha oficiala que subía berrou. Fiquei estarrecida.

Despois todo foi un mal soño. Os alguacís, o xuízo, a condena a morte. Esta Galera. Non macei nel para matalo, defendía o meu. Porén, aí está o garrote, esperando polo meu pescozo.

MEMORIA DA SOCIEDADE DA MADALENA

Todo canto se di ou se escribe sobre prisións, morre sen eco no baleiro da indiferenza. O público non se ocupa dos criminais máis que para pedir que se castiguen cando a frecuencia dos crimes fai que os teman. Quen en materia de prisións pide favor á xustiza non encontra quen o auxilie, e nin a ignominia avergonza nin a maldade anoxa nin escandaliza o escándalo. Para que denunciar males que non se han remediar, que non se han de escoitar sequera? Cando o poder e a opinión están igualmente xordos, as voces que se alzasen para denunciar abusos semellarían laios de debilidade ou berros de despeito. Calemos, pois.

Este silencio é dificultoso. Custa traballo crer que cando a razón berra tan alto, non haberá quen a escoite e atenda, e sucede ao escribir das prisións como ao visitalas, contrístase o ánimo ao contemplar tantos males e non poder levar remedio a ningún.

A señora tesoureira presentouvos as contas detalladas, cos recibos de todas as cantidades investidas, agás cando foi imposible recollelos. Hai dous importes que talvez parezan moi elevados, comparándoos coa escaseza dos nosos fondos: o das funcións relixiosas e o relativo aos nenos.

En canto ao primeiro, sendo a visita á Galera puramente espiritual, pois nada material é entregado ás presas, espirituais son os medios que han de contribuír a que o noso empeño non sexa inútil. As funcións relixiosas producen nas presas grande efecto, sabédeo ben, e canto máis solemnes, maior é. Creo que en ningunha cousa podemos investir os nosos fondos con máis proveito das reclusas que en dar ao culto toda a pompa posible. Pouca pode ter na Casa-Galera da Coruña; cústavos gastos e non pouco traballo para que con algún decoro poida celebrarse misa no pobre altar do seu mesquiño oratorio.

E os meniños, pobres desventuradas criaturas! Que pena tan fonda causa ver a inocencia nun establecemento destinado a castigar o crime. A Sociedade procurou facer menos triste a sorte destes infelices. O Estado, que autoriza a súa permanencia na prisión, aliméntaos, mais nin os viste, nin cando están enfermos lles subministra medicamento ningún.

Por esta razón figura nas nosas contas unha partida para procurarlles algunhas roupas e ascende bastante o gasto de botica e leites. Tamén no verán de 1864 tivemos que fornecelos dunha alimentación sa e substanciosa, porque a mortaldade comezou a ser grande. Non todas as mortes eran debidas á mala calidade do alimento, mais podía contribuír a elas. Os nenos ou ben reciben media ración da que se dá á penada, ou ben quince reais mensuais. Nin nun caso nin no outro o alimento é o que conviría a criaturas recluídas e a meirande parte febles. Cando a isto se suma algunha causa xeral pouco favorable, como sucedeu ese verán, preciso é acudir no seu auxilio ou velos perecer en gran número.

Do ben material que se fai aos nenos resulta un moral. Toda boa obra é unha lección, e estas que se dan sen aparencia de querer ensinar adoitan resultar máis eficaces, sobre todo nas masas, que se convencen mellor con impresións que con razoamentos. Ningunha cousa impresiona tanto as reclusas, de cantas poden dicir ou ler as socias, como velas entrar molladas cando chove, sufocadas cando vai calor; como ver un pobre neno inocente que nace naquel lugar de expiación e non ten en que envolverse, vestido inmediatamente pola caridade.

Tamén figura nas nosas contas unha curta cantidade investida en libros para a pequena biblioteca que comezamos a formar na Galera, a fin de que as señoras socias encontren alí os libros que deben ler.

Gastos	Reais Cts
Vinte e catro silabarios para a escola da Galera	24
Vinte e cinco catecismos íd.	10
Doce lousas escolares e estilos íd.	42,50
Cantoneiras para as mesmas	12
Por un paraugas para o mandadeiro	28
Pola gratificación mensual ao mesmo	16
Por seis libras e cuarta de cera para unha función no oratorio	86
Gratificación aos cantores e acólitos, pola mesma	34
Vinte e un cuartillos de leite de burra para os nenos da Galera	21
Cento vinte e seis cuartillos de leite de vaca para os nenos	74,12
Socorros de viaxe a dúas licenciadas	44
Por sete estampas para o oratorio e departamentos da Galera	82
Trinta e un días de leite de cabra para os nenos da Galera	31
Catro libras e cuarta de cera para unha función no oratorio	59,50
Gratificación ao practicante por asistencia a unha enferma	40

Gastos	*Reais Cts*
Gratificación ao mandadeiro	16
Leite de burra para os nenos da Galera	44
Herbas para o caldo das enfermas	18
Un cocido que se deu diariamente aos nenos da Galera do 24 de xullo de 1864 até o 8 de setembro	982
Gratificación á muller que o levou diariamente	10
Un baño de zinc para os nenos	70
Sopa para os nenos durante un mes	124
Mantenza dunha licenciada despois de saír da Galera vinte e tres días a 3 reais diarios	69
Marcos e cristais para as estampas	128
Socorro a unha licenciada	16
Gratificación ao mandadeiro	16
A unha corrixenda que aleitou un mes o neno dunha enferma	12
Por unha saia de percal para unha licenciada	10
Por 100 cuartillos e medio de leite de vaca para os nenos	59,12
Por herbas para a enfermaría catro meses	28
Cartillas e media resmiña de papel para a escola	17,50
Un sombreiro ao mandadeiro	14
Unha mantilla para envolver un neno	25
Tea para cortinas, papel para flores, cinta para adornar o oratorio	305
Por cera para unha función	47,75
Por unha arca para gardar os adornos do altar e a cera	15,50
Por tres misas en sufraxio de tres corrixendas falecidas na casa	30
Por aleitar dous meses o neno dunha enferma	24
Por trinta tiras bordadas e doce mostras de puntilla que se mandaron a Madrid por ver se este labor tiña alí mellor despacho	39
Gratificación á axudanta da escola	20
Compostura do paraugas do mandadeiro	2,50
Herbas para o caldo da enfermaría	13,84

Gastos	Reais Cts
Gratificación ao mandadeiro por dous meses	32
Dúas misas en sufraxio de dúas corrixendas falecidas na casa	20
Por leite de cabra para os nenos da Galera	23
Gasto das exequias da señora Micaela, vizcondesa de Jorbalán	80
Por 334 estancias no Hospicio por dous nenos de dúas corrixendas	303,95
Por unha mantilla para envolver un neno	31
Por aceite de fígado de bacallau para os nenos da Galera	9
Leite para os nenos da Galera	13,25
Dúas misas en sufraxio de dúas corrixendas falecidas na Galera	20
Baeta para seis chaquetas para as enfermas	107,50
Socorro a unha licenciada	18
Cortinas para os confesionarios	6,25
Vinte e seis elásticos de la para os nenos	149
Herbas para o caldo das enfermas	10
Un ataúde	18
Pagado ao boticario por medicinas para os nenos da Galera	22,84
Gratificación ao mandadeiro	16
Ao practicante por servizos extraordinarios	40
Compostura do paraugas do mandadeiro	2
Libros para a biblioteca que empezou a formarse na Galera	42,50

III

AS PUGAS DO TOXO

1865

A escravitude da prisión non ten intermitencias como as do cuartel; o preso é sempre o número tantos; non se lle pregunta o que pensa, o que quere: mándaselle o que *debe* conforme a unha regra inflexible, igual, aplicada a todos; para vestido e calzado adoita haber tres medidas: para o espírito hai unha soa á que é preciso axaldarse, veña ancha ou estreita. A obediencia, canto máis pasiva mellor; é o ideal respecto ao preso como respecto ao monxe; se coas palabras ou coas accións din aos superiores *fiat mihi secundum verbum tuum*, son relixiosos exemplares e delincuentes arrepentidos, ou así o parecen ao menos a quen non sospeita o mal que pode ocultarse tras da humillante debilidade ou a calculada hipocrisía.

CONCEPCIÓN ARENAL, *El Visitador del preso,* 1891

A CARNIZARÍA

A felicidade pode anubrar a vista e outros sentidos. No verán de 1862 a cidade sufriu de novo o agromar do tifo, mais Xacobe ocupaba todo o meu pensamento. Non me cansaba de contemplar os acenos das súas mans, a súa fronte, tan branca baixo os rizos negros. Un serán, ao despedírmonos, el bicou levemente a miña. Desexaba máis con todo o meu corpo, a miña pel chamaba polas súas mans e ao tempo temía as consecuencias dos aloumiños doutro carácter. A chegada do inverno, sobre todo ao comezo do novo ano, co frío e a escuridade á tardiña, decote coa chuvia, facía máis difíciles os nosos encontros, por forza secretos. Non había escusas como saír da casa por piñas para o lume.

Eu tentaba ocultar na casa a relación con Xacobe. Non están ben consideradas as rapazas que se ven a soas cun mozo, aceptando que el veña mocear con elas. Temía que o desaprobasen, sobre todo meu pai; se chegase a vernos collidos das mans, ía apañar unha labazada ou, peor, algunha correada. Con certeza el rexeitaría a idea de que en pouco tempo podía casar, o que levaría á perda da miña paga. Isto resultaba máis grave, porque en decembro o militar que era o seu xefe no cuartel mandouno chamar para advertirlle da prohibición de levar sobras da comida. O xefe era novo, co anterior nunca ocorrera algo semellante; sabíano todos, mais facían como que non vían. Este botoulle un roñazo a meu pai, tratándoo como se estivese cometendo un crime:

—Levares restos transmite unha imaxe de miseria que non se corresponde coa dignidade dun establecemento militar. Van pensar que non damos de comer aos traballadores.

Desde entón, algúns días mandábanlle dar volta aos petos ao saír do cuartel. Aínda que non volveu traer nin unha faragulla, pasadas unhas semanas foi despedido. Segundo meu pai, todo era unha escusa para contratar outro, un amigo, alguén da súa confianza. Perdido o principal xornal, a ameaza da fame pairaba de novo sobre a casa. Seis bocas, catro delas novas, son moitas para alimentar. Non comezaba ben un ano que ía resultar funesto.

Unha noite volvín escoitar murmurios desde a cama de meus pais.

—Talvez sería mellor gardalo —dicía ela—. Non podo pasar outra vez por iso. Outra vez non.

—Gardalo! Non temos para dar de comer a catro, canto máis a cinco. É doloroso, ti sábelo mellor ca min, mais tamén o último parto case acaba contigo…

—Non me fagas ir outra volta…

—Se cadra aínda baixa… Tes só unha falta.

Non puiden oír máis. Ao día seguinte esculquei o corpo enfraquecido de miña nai, mais se estaba preñada, aínda non había sinais.

Ademais de Xacobe, outra persoa me preocupaba; mais se Xacobe traía ledicia, a situación da señora Paquita era unha fonte de angustia. Había tempo que non recollía ela a roupa aos xoves. O vinte e nove de xaneiro, non podo esquecelo porque foi a miña derradeira visita, un día de frío e refachos de vento, a moza que a colleu das miñas mans transmitiume un mandado:

—A señora Paquita díxome se podías visitala un momentiño. Está encamada, sabes? Case non se levanta.

Daquela casa eu estivera unicamente na cociña, á que se entraba por unha porta distinta da principal. Acompañando a moza crucei corredores silenciosos con cadros nas paredes desde os que me contemplaban heroes ou homes ilustres. As cortinas estaban corridas, a casa ficaba en penumbra. Ela petou nunha porta e unha voz débil, na que era difícil recoñecer a da miña amiga, contestou:

—Adiante!

A señora Paquita estaba incorporada na cama entre almofadas, vestida cunha chambra azul pálido, tan cambiada que non parecía a mesma persoa. Cortáranlle a trenza loura e tiña o cabelo, agora medio cano, máis curto e recollido atrás. Os ollos, que foran tan vivos, afundíanse nas cuncas. Unicamente non mudara o doce sorriso.

—Sisca, Sisca... Aínda que non te vexa, decote penso en ti. Como estás? Ben vexo que cada vez máis alta e máis linda, axiña farás dezaseis anos. Ven, senta cabo de min.

Sentei na beira da cama e ela colleu a miña man entre as súas, húmidas. O cuarto cheiraba a enfermidade, un ulido que non sei definir, mestura de suor e medicinas, que en nada se parecía ao que eu lembraba dela. Custábame encontrar que dicir, e foi ela quen falou ao cabo dun tempiño.

—Esta doenza non perdoa. Hai días de tanto sufrimento que apenas podo falar. De non ser polo láudano... Hoxe non é un día tan malo, por iso pedín que te trouxesen. Talvez non poidamos vernos máis.

Falaba entrecortadamente, como se lle custase pronunciar cada palabra, mesmo respirar. Ao escoitala non puiden evitar que as bágoas rebordasen os meus ollos. Decatouse e enxugounas cun paniño que tirou de debaixo da almofada.

—Non chores, Sisca. Ben sei que é polo cariño que me tes.

—Teño —dixen retendo un salouco—. Quéroa moito. É vostede a persoa máis boa que coñezo. Nunca, nunca esquecerei o que me ensinou.

—Ao morrer o que podemos desexar é que nos lembren os que quedan. Eu sei que algunhas persoas me lembrarán.

—Eu lembrareina sempre, sempre.

—Mais chega de falar de min, cóntame de ti. Vexo que levas un peiteado distinto. Un rapaz?

Non sei como lograba adiviñar as cousas, todo o que me pasaba. Asentín coa cabeza. Ela riu debilmente.

—Non te poñas encarnada... Á túa idade é o normal namorarse. É bo rapaz?

—Moi bo! Mais eu non sei se estou namorada... Nunca falamos diso.

—Estás tal. Se non estiveses, non che subiría a cor.

Aínda fiquei con ela un bocado máis. Non me atrevín a falarlle dos problemas de cartos, estando tan enferma non me pareceu acaído darlle outra preocupación. Foi ese día cando me dixo que, ás noites, cando estaba desvelada, se representaba camiñando por unha corredoira entre flores, chíos dos paxaros, arrecendo das herbas ventureiras. Ao despedírmonos, pediume que lle dese un bico. Aperteina forte. Chorei todo o camiño desde a rúa Real á casa.

Nas semanas seguintes os signos da preñez e as inútiles manobras de miña nai, beberaxes cheirentas, chimpos sen motivo, eran ben visibles. Non quería crer que o pesadelo se repetiría por terceira vez, temía a cada momento que pronunciase aquelas palabras. E finalmente chegaron.

—Vamos, Sisca.

Pensar a onde iamos poñíame medo e a ela máis, coitada! Estaba pálida e apertaba a miña man, como se eu puidese darlle forzas. Cen ideas bulíanme na cabeza. Por que non podiamos gardar o neno, como lle dixera ela a meu pai? Onde comían seis ben podía comer un máis. Nola ía facer doce anos, habería que buscarlle unha casa para traballar e traer uns cartos, e Marica, que axiña faría cinco, podería axudar a miña nai a lavar no río ou polo menos ter conta do neno. Con todo, non me atrevía a dicir nada. Era tarde de máis, a decisión estaba tomada.

A carnizaría pareceume máis escura, certo que no inverno os días son máis curtos e chegamos case de noite. O sangue do coello pendurado dun gancho anticipaba o sangue de miña nai. Podería dar sangue aquel corpiño ensumido? O vaso de auga que bebín con ansia, mentres ela entraba no cuarto de atrás. Por que teñen que pasar as mulleres por isto? O papel das moscas, que eu querería arrincar con furia, tripar nel. Repetíase todo como nos pesadelos, mais era real.

Os xemidos afogados. Agardar, non podía facer outra cousa. De socate un laio máis agudo. Voces apresuradas desde o outro lado da parede. Que ocorría? Erguinme do tallo, estaba soa, mais non me atrevín a entrar no outro cuarto. Agardar máis tempo. Morrería?

O sangue martelaba nos meus oídos. Pensei que a espera non ía acabar, mais finalmente abriuse a porta. Miña nai, máis pálida que nunca, a vella termando dela, dirixíndose a min:

—Algo foi mal. Ás veces... Un accidente, non se pode ver por onde vai a agulla. Está sangrando moito. E non expulsou o feto. Acabará saíndo, máis non podo facer...

Cando cheguedes á casa ten que beber, beber moita auga, entendes?

—Entendo —dixen collendo o brazo de miña nai, que se apoiou en min, deixando caer o seu peso no meu brazo.

—E coidado, moito coidado con dicir nada disto...

Chuviscaba. Miña nai sen falar, mais era imposible non reparar en que cada paso lle custaba ferro e fariña. Andando devagar, ela coa man no ventre. Tardamos máis que nunca en chegar á casa.

Axudeina a deitarse. O sangue fluía como un río. Cambieille os panos e ao cabo de pouco tempo estaban enchoupados de novo. Laiábase debilmente.

—Temos que chamar un médico —propuxo Manuel.

—Que médico nin médico! —respondeu meu pai—. Queres que vaiamos todos presos ou que?

—Está desangrándose —insistiu Manuel.

Poucas veces ou nunca nos atreviamos a levarlle a contraria a meu pai, mais eu estaba de acordo co meu irmán.

—Está mal. A muller falou dun accidente... E non saíu o... o feto. Un médico podería...

—Acabará estiñando —dixo meu pai—. Mañá será outro día, estará mellor. Non podemos arriscarnos a unha denuncia.

Durmín mal, na casa durmimos todos mal ou iso creo. Levanteime dúas ou tres veces para darlle de beber. Á mañá seguía igual e eu tiña que ir traballar onda a señora Ignacia. Encargueille a Nola que non se separase dela, con meu pai non podía contar. Segundo el, ía buscar traballo. Talvez fose á taberna. Non podo sabelo. Despois houben arrepentirme de marchar. A señora Ignacia podía pasar sen min; miña nai, non. Tiña que confiar en Nola.

—Mira que se se pon peor, manda aviso por Carmela. Dislle que vaia por min e veño decontado.

A media mañá, eu de xeonllos como sempre, chegou Carmela á casa da señora Ignacia. Viña á carreira, arfando.

—Di Nola que a túa nai está moi mal.

Volvemos as dúas da man, correndo polas rúas. De camiño ía pensando que, dixese o que dixese meu pai, ao chegar á casa mandaría a Nola buscar un médico. Non podía deixar que morrese.

Mais non houbo ocasión. Estaba agonizando, do seu peito saía un son rouco. Pouco máis puiden facer que darlle o último bico. Mamai!

Ao ocorrer unha morte é como se a casa emitise sinais para toda a rúa. Non sei se foi Carmela quen deu noticia á súa nai e despois a outros veciños. Tampouco tiña conciencia da xente que entraba e saía na casa, ía como somnámbula de miña nai ao barreño de auga que trouxo Nola, para lavar o seu corpo, da cama á arca por unha saba limpa que fixese de mortalla para envolvelo.

Chegou meu pai, botouse a chorar a voces.

—Non houbo outra muller tan boa! Ai, miña Encarna da alma! Ai, a miña mulleriña!

Non podería dicir canto tempo despois apareceu a miña tía Isabel, irmá de miña nai, que poucas veces viña pola casa. Axudoume a envolver o corpo no sudario, coseu as beiras, tiña máis habelencia, seguramente non era a primeira vez. Entre as bágoas que me toldaban a vista, enxerguei o seu rostro por última vez antes de cubrilo coa saba. Agora parecía tranquilo, o sufrimento quedara atrás. Despois trouxeron a caixa de piñeiro e metémola nel, destapada, enriba da mesa da cociña; non había outro lugar para velar o cadáver. As veciñas enxameaban, unha comezou a rezar o rosario. Todo parecía como se lle estivese ocorrendo a outra persoa, non a min.

A miña tía tomou o mando. Avisou o enterrador, ao lusco fusco pediulles aos veciños que marchasen. Díxolles que o velorio non podía durar toda a noite, precisabamos durmir. Certamente estabamos derreados. Falaba con autoridade e os veciños foron saíndo, aínda que algunhas mulleres se atrasaban, apertándonos, exclamando, coitados rapaces, que vai ser de vós, expresións que no canto de consolarnos poñían medo anticipando desgrazas no futuro.

Cando marcharon todos, a miña tía dirixiuse a min:

—Levo Marica e Nola para a miña casa. Mañá veño a primeira hora para o enterro. Despois xa veremos.

Non comprendín que quería dicir con iso de xa veremos. Despois non houbo ocasión e nunca o souben. Meu pai e mais ela non se entendían ben, algunha vez oíralle dicir que miña nai merecía outra cousa. Talvez tiña que ver coas desavinzas.

Ao quedaren os tres sós, Manuel encarouse con meu pai. Falaba atropeladamente, con carraxe:

—Matouna vostede, vostede! Un médico podería salvarlle a vida e non nos deixou…

Meu pai botou varios ternos, levantoulle a man. Manuel repetía, cada vez en voz máis alta.

—Foi culpa súa, culpa súa!

Eu interpúxenme entre eles.

—Esta noite non! Está aínda ela…

Un ruído forte interrompeume. Alguén batía na porta. Nun primeiro momento, pensei seren os veciños, que oíran a liorta. Mais non.

—Abran! Abran á Garda Civil!

En tanto dubidabamos se abrir ou non, eles empurraron máis forte e o ferrollo saltou.

—Que queren? —dixo meu pai—. Un pouco de respecto… Miren que hai unha defunta na casa.

A palabra "defunta" arrepioume. Mais un dos gardas, eran catro, o máis baixo, abaneaba un papel diante de meu pai.

—Hai unha denuncia contra vostedes. Un aborto. Un crime. Onde está o cadáver?

Non era necesario preguntar, estaba á vista. Meu pai acenou cara á mesa. O garda baixo indicou a caixa de piñeiro e deu unha orde.

—Envorcádea.

Eu intentei impedilo termando do ataúde, mais que podía fronte a tres homes graúdos? Déronlle volta no chan. O corpo de miña nai ficou na terra, a saba branca emporcándose. Denuncia? Quen?

—Onde está o feto? O corpo do neno… Onde o agocharon? Abride iso…

Un dos homes colleu o cadáver de calquera modo, deitouno sobre a mesa e, cunha navalla, rachou o sudario.

Despois, todo en negro. Puxéronnos esposas nos pulsos. Leváronnos, no medio dos veciños, que, malia a hora da noite, acordaran co estrondo. Agochei a cabeza, non quería encontrar a ollada de Xacobe, se é que estaba entre eles. O último que vin de esguello foi a cara de Carmela, os seus claros ollos azuis moi abertos.

PODE QUEN CRE QUE PODE

Coruña, martes
Sra. Dona Pilar Matamoros de Tornos

Segundo me dis, Pilar querida, podemos botar a nosa saúde a pares ou impares, pois vexo que a túa non é mellor que a miña. Non contribúe nada a aliviala o meu novo cargo, que comezou a darme desgustos serios. Non me sorprenden, mais agoníanme, porque a loita que debo soster precisa máis forza física da que eu teño. Pois hai almas enérxicas en corpos gastados.

A nosa boa amiga saúdate, segue recrutando xente para a Sociedade da Madalena. Mágoa non estares aquí! Nomeariámoste secretaria. Ven canto antes; se estás tan mal de saúde, proba a cambiar e se Juanita me fai viaxar, quedarás de ama de casa. O outro día tomei a liberdade de escribirlle indignada dos abusos que se cometían na enfermaría da Galera. Non sei se nun enfermo debe verse máis que un enfermo, mais eu non podo ver outra cousa. Eu polo momento non teño plans, non podo telos, pendente como estou da vontade doutro, mais espero que sexa de Deus que este verán que vén o pasemos xuntas por esta terra.

Memorias aos teus fillos; a Pepe, que lle agradezo os seus garabatos e que se poña bo para vir á Coruña, que seguro lle probará ben. Fernando está moi bo; Ramón, como en todas partes.

Esta carta, que me gardarei ben de ler, debe ser un galimatías, porque lle doe a cabeza á túa cordial amiga,

CONCHA

A cabeza dóelle á Visitadora con demasiada frecuencia. En parte débese ao propio deterioro dos seus nervios ou así o entende ela. Atribúe o seu corpo gastado aos corenta e cinco anos que fixo en xaneiro, mais Juana conta sesenta e nunca se queixa das dores de cabeza nin doutros achaques. O fillo, Ramón, do que o mellor que se pode dicir é que se comporta como en todas partes, achega as súas picadelas. E talvez a meirande coitelada é o cargo. Tanto como desexara entrar nos cárceres, mudar hábitos, mellorar a vida dos presos! Tarefa ardua de máis para unha soa persoa que parece ir en dirección contraria a todos e a todo.

Unha espiña ten cravada, en relación coas *Cartas aos delincuentes*, xa en mans do impresor, e que serán publicadas en maio, o incidente coa reclusa máis nova da Galera, Francisca. Pois a intención das *Cartas* non é desacougar as presas, senón convidalas á reflexión sobre as súas experiencias. O seu empeño ten dúas caras, no exterior, aliviar as condicións de vida na prisión; no interior, axudalas a coñecer as leis e coñecerse a si mesmas. Ese coñecemento, cre, non é fácil de acadar, sendo máis que a mera lembranza; nace de matinar sobre o vivido, xulgándoo.

Juana María coñecía a historia da rapaza, por que estaba presa, a morte da nai, de que fora acusada, aínda que non a identificara antes da desavinza. Non llo contou ese mesmo día, nin esa semana; igual que Concha, cre que as reclusas teñen dereito á súa intimidade. Por outra banda, falar de

Francisca é reabrir feridas mal curadas, polo traballo da nai como lavandeira para a súa propia casa e, sobre todo, polo cariño que Paquita lle profesaba á rapaza. Finalmente decidiu contarllo, porque, dixo, axudaríaa a entender a súa violenta reacción.

—Sen dúbida, Concha, estaba pensando na súa nai mentres eu lía aquela páxina. Coitada rapaza! Se o soubese, asegúroche que non a lía diante dela.

Despois de semanas de dúbida, de non saber se é mellor falar abertamente das cousas ou deixar que pase o tempo, a Visitadora resolve entrevistarse con Francisca. As espiñas é mellor tiralas antes de que viaxen máis fondo e produzan infeccións, furúnculos cheos de brume. Xa falou con outras reclusas, mais en ningún caso por asuntos que a afectasen de modo tan persoal. Por descontado sor Angustias ofrécese para acompañala, a moza é rabuda, mesmo agresiva. Nunha visita a soas, pode intentar atacar a Visitadora. Ela négase, cortés mais firmemente.

O cuarto onde se encontran, igual que noutras entrevistas, non é un despacho —que os hai, cónstalle—, senón unha cela desocupada. Un espazo frío, inhóspito, que non se presta a confidencias. Destínase a condenadas a morte que agardan polo día do garrote ou a reclusas perigosas. As paredes aínda deben estar impregnadas da angustia coa que se espera a man do verdugo. Un banco de madeira e unha cadeira co asento de espadana por todo mobiliario. Pediu unha xerra de auga e dous vasos e a monxa, fungando, mandounos traer. Despois foi buscar a rapaza.

—Bo día, Francisca. Senta, por favor.

Francisca senta no banco, a única cadeira está ocupada pola Visitadora. Non contesta, nin sequera abre a boca para saudar. Ten os pés xuntos, diante dela, descalzos como andan as reclusas as máis das veces; as mans sobre os xeonllos, cubertos por esa especie de farrapo gris que visten. A Visitadora aborrece os adobíos nas mulleres, mais con certeza habería roupas máis dignas. Vestir decorosamente fai que unha se sinta mellor consigo mesma, aínda estando presa. Non é posible saber como se sente esta moza, a súa expresión é como se estivese noutro lugar.

—Desexaba falar contigo, se estás de acordo, claro. Fiquei desacougada o día que lemos as *Cartas*... A intención do libro non é causar sobresalto, ao revés...

Interrompe a introdución ao se escoitar. Decátase de que as palabras soan case a unha petición de desculpas. Non vén desculparse. Ten a boca seca. Sérvese un vaso de auga e, coa xerra na man, ofrécelle outro á rapaza:

—Queres un vaso de auga?

—Quero.

Beben as dúas, ollándose de cando en vez. Francisca pousa o vaso e pregunta:

—Para que?

A pregunta cóllea por sorpresa e a moza repítea:

—Falar para que? Non quero falar do que pasou... de por que me enviaron a prisións.

—Non, non se trata diso. De ningún modo. Sei o que ocorreu, de que te acusaron. Mais non pretendo falarmos deses feitos.

—Debín imaxinalo... —o seu ton é amargo—. Contaríallo sor Angustias, por iso pensa que son unha criminal, que merezo estar aquí ou aínda peor.

—Non, engánaste, ninguén da Galera me falou diso. Tampouco penso... Explicoumo a condesa de Mina, a señora que leu a carta. Ela interésase polo teu caso, sabe o moito que te quería Paquita.

—A condesa de Mina é a señora Juana María? A da casa na rúa Real?

—É, Juana María de Vega. A casa para a que lavabades a túa nai e mais ti. Onde traballaba Paquita.

Un silencio e despois a rapaza exclama:

—O do monstro é unha mentira!

—Como dis?

—O que leu aquel día: o anxo converteuse en monstro —os seus ollos escintilan, retorce as mans—. Escribiu voste de iso?

—Acouga, ninguén cre que ti sexas un monstro. Eu non o creo.

—É miña nai de quen fala iso, miña nai ao malparir... Non era un monstro. Non foi culpa súa. Ninguén pode chamarlle monstro, acusala do sangue do fillo cando ela... ela desangrouse.

—Talvez non sexa unha palabra afortunada. Era unha metáfora... Non sei se sabes o que é, un xiro literario. Falando do delito en si, non de ningunha muller en particular. Claro que a túa nai non era un monstro, seguramente foi un anxo e agora estará no ceo cos anxos.

—Sor Angustias di que está queimándose no inferno...

Crébaselle a voz, as bágoas flúen polas súas meixelas.

—Pode darme un vaso de auga?

—Que saberá sor Angustias! —di a Visitadora, mentres verte a auga—. Non é o Señor, que todo o ve e ten un corazón compasivo.

—O que non sabe é o que se sente ao ver morrer os fillos, de fame ou comestos polas lombrigas. E vostede? Morreulle acaso un fillo para saber o que é?

—Morreume, si. Unha filla. Tería agora a túa idade.

Achega a cadeira ao banco, antes de se decatar do que está facendo toma as mans da rapaza entre as súas. Son ásperas, mais non as retira. O cabo dun momentiño é a Visitadora quen desfai o lazo.

—Niso que vostede escribiu falaba do que é sagrado. Hai algo máis sagrado que os deberes que tiña eu con miña nai?

—Eses deberes son sagrados, certo… Mais tamén están os mandamentos de Deus, están as leis ás que todos estamos obrigados. O deber cara ao pai ou á nai non pode levar a cometer un delito.

—Hai leis que non son xustas.

A Visitadora cala. É un pensamento que a asalta decote, porén non pode admitilo diante dunha reclusa. Esa idea mina os alicerces das prisións, de todo o sistema penitencial. Cales serían as consecuencias se cadaquén puidese decidir que leis cumprir e cales non? Admíraa a capacidade de reflexión desta moza, sen estudos, que todo o máis aprendeu a ler grazas a Paquita.

—Gustaríache estudar? Cando saias… Non falta tanto.

—Dous anos… se lle parece pouco. Non teño esperanzas. A que sae da Galera fica marcada de por vida. Con sorte traballarei fregando, como antes.

—Mais a primeira condición para se rexenerar é a convicción de que é posible. Pode acadar algo quen cre poder acadalo. Todo é imposible mentres o parece.

Encóntrase repetindo unhas palabras que pronunciou a sabichona de Emilia. Francisca abanea a cabeza.

—No meu caso parece imposible porque o é. Non ten sentido esperar o imposible. Sor Angustias di que non hai salvación para criminais como nosoutras. É o que cren todos.

Érguese do banco, como dando por terminada a conversa. Porén, dubida, parece que aínda ten algo que dicir:

—Grazas.

—Por que?

—Por falar comigo como se fose unha persoa... Por non berrarme... Agora creo que ten que chamar a sor Angustias. Non nos deixan andar soas polos corredores.

Pode quen cre que pode? Será posible mudar a vida dos cárceres só pola forza da vontade? Rexenerar mulleres das que a sociedade cre non teren rexeneración? O fracaso desta rapariga será o da Visitadora, fracasos que poden desmentir a Emilia Pardo Bazán e de la Rúa ou, indo ao caso, a Virxilio, autor da sentenza.

O CONFESIONARIO

Durante varias semanas Sisca non quere mirar aos ollos a ninguén. Xustificar por que se asañou cando leron o libro das cartas levaríaa a falar dos días negros. Por culpa das cartas, volveron as lembranzas, mais rememoralas en alta voz faría a súa presenza máis teimosa.

Aínda non sabe o que procuraba a Visitadora ao mandala ir onda ela. Esperaba oír de novo que é pecadenta, criminal. No canto diso, contoulle que lle morrera unha filla. Entende agora a mágoa por tras dos seus ollos. Tomouna das mans. Enfastíaa o que di das leis e dos pecados, mais desde que está aquí, ninguén, quitando Fefa, a colleu das mans. As da Visitadora son máis suaves que as de calquera das presas. Non cre que tivese que lavar roupa en auga fría en toda a súa vida; algunha muller faríao por ela; algunha muller á que, se cadra, nunca viu; a condesa viuna a ela por vez primeira aquí, no cárcere.

Ao volver do aseo, Fefa vén ao seu encontro no corredor.

—Estaba agardando por ti —bisba—. Ven, ven comigo, a esta hora ninguén nos botará en falta.

A porta do oratorio parece fechada, mais está só arrimada, empúrraa, entra nun dos dous confesionarios e turra por

Sisca cara a dentro. É difícil saber como fai para coñecer todos os recantos do cárcere.

—Mercaron hai pouco estas cortinas, ves? —corre a cortina que oculta da vista o interior do confesionario.

É un espazo pequeno, os seus corpos están apertados un contra o outro. Pequeno, mais unicamente para elas. Non se sabe como se amaña esta muller para ulir ben neste lugar, a xabón, a cabelo limpo. Vénlle un olor á súa suor, faille desexar achegarse aínda máis.

—Queres confesarme? —pregunta de brincadeira—. Mira que che son moi pecadenta.

—Non tal. Non dou creto a iso dos pecados, en todo caso, sería eu máis pecadenta ca ti. Quero abrazarte e fóra de aquí non podo.

Meu dito, meu feito. Os seus brazos cinguen o corpo de Sisca. O arrecendo a suor faise máis intenso. Aspírao e di:

—Non quero falar diso.

—Nin eu. Con todo, seino. Neste lugar non hai segredos, xa te decatarías. Non matines no que pasou, son cousas ás que se ven obrigadas as mulleres.

Apoia a cabeza no seu ombro. A aperta dálle gana de chorar, aínda que en certo modo é un alivio que o saiba. Que o soubese desde a primeira vez que falou con ela, o día en que lle trouxo a media cebola. Sabíao e deulle a cebola, e o láudano coa súa boca. Achega os seus labios aos de Sisca, as linguas aloumíñanse. Abandónase nos seus brazos.

—Non fagas caso aos que deciden que é pecado, que non. O pracer non pode ser pecado, sexa cun home ou con outra muller. Fixéronnos para o pracer. Seino.

Desabotóalle a camisa, aproxima a súa boca ao peito de Sisca, lambe o bico; logo cólleo coa man, faino xirar cos seus dedos. Un latexo entre as pernas, o pracer. Por baixo da saia, a súa man chega alá, esperta partes do corpo das que non coñecía a existencia. Era isto entón, pensa, estas ondadas, esta auga que flúe mollándoa toda. As súas mans responden sobre o corpo de Fefa, estremécese. Están arfando, parece imposible que non as oia ninguén.

—Fefa...

—Temos pouco tempo. Escoita, ti sairás dentro duns meses...

—Aínda dous anos.

—Iso mídese en meses, non é cadea perpetua. Mais, se cadra, cando saias, eu xa estarei fóra... Non me preguntes. Daquela, se non tes a onde ir e queres estar comigo, vai a Couso, na beira esquerda do Ulla, en Pontevea, busca o colmado a carón da ponte. Lembrarás?

—Lembrarei.

—Unha tendiña pequena onde venden de todo: sachos, garavanzos, augardente... E serven callos os días que hai feira na Estrada. Pregunta pola señora Maruxa, coñecerala por ser unha vella chosca. Dislle: Fefa mándame vir. Só a ela, non llo digas a ninguén máis.

—Fefa mándame vir. É todo?

—Eu ireite buscar... Ou irá alguén. Mira que vaias un mércores, é o día de feira na Estrada, se non o aviso pode tardar días en chegar; tamén é máis fácil pasares desapercibida entre tanta xente. A non ser que... Talvez ti teñas outros plans, un mozo que agarda por ti...

Abanea a cabeza. A imaxe de Xacobe faille un nó na gorxa. Que mozo vai querer namorar cunha presa?

—Mais tes que saber isto, vivirei fóra da lei. Eu sei por que estás aquí, mais ti non sabes de que me acusan.

—Non sei, non. Algunhas din que de asasinato...

—O home que empreñou a miña nai... non é meu pai, nunca nos fixo outra cousa que mal, ese home ruín matou o meu tío, argallou todo para culparme.

—Sabía iso, seres inocente, non unha asasina.

—Porén, se saio de aquí, podes ter a certeza de que ese home, o albeite, morrerá de morte matada. Tanto ten, máteo ou non, os gardas irán tras de min. Logo terei que botarme ao monte. Serei Pepa a Loba de vez...

—Se ti es loba, eu tamén.

—Sabes montar a cabalo?

—Non sei, non. Pero aprenderei.

O derradeiro bico. A pegada das súas mans na pel. Saen do confesionario e do oratorio sen que ninguén as vexa. Será ese o seu futuro? Cabalgar polo monte? Fíxoa desexar percorrer sobre un cabalo negro o mato, o amarelo das xestas e toxos, o morado das uces. Unha vida brava, con pugas como os toxos, como os ourizos das castañas. Con Fefa todo é posible. É das que di a Visitadora, poden por creren que poden.

Ao chegar a noite decátase de que, por vez primeira en moitos días, non a persegue a sombra da carnizaría, o corpo da nai no chan. Chama polos cabalos bravos amordicando os gromos dos toxos preto da Torre de Hércules, cando camiñaba da man de Xacobe. Desde o xergón ao lado do seu, Fefa sorrí. Garda o seu sorriso como se fose herba de namorar.

Pasa unha semana, é a hora das visitas, está zurcindo unha camisa, nunca tivo visitas. Porén, aí vén Felisa, a boca torta:

—Apura, Francisca, veu a túa irmá.

Baixa correndo á sala de visitas, o corazón desbocado.

—Nola, Noliña...

—Sisca!

Apértanse chorando.

—Escapei sen a tía Isabel se decatar. Non quere que te vexa... Está na cama con febre, non o saberá.

—Canto medraches!

—Vou para catorce anos...

—Como está Marica? E Manuel?

Non se atreve a preguntar polo pai.

—Marica está ben, moi linda. Saberás que soltaron a Manuel ao cabo dun mes, dixeron que non tivera intervención no... Traballa outra vez de albanel, mais vive de pensión. Vén de visita algunha vez.

—De pensión? Daquela a nosa casa...?

—Ao non pagar o alugueiro durante un mes, viñeron os alguacís, desafiuzáronnos. Manuel quedou por portas. A tía Isabel levou para a súa casa algún moble, pouquiña cousa.

A súa casiña, ruín, mais a única que coñeceu. Lembra a herba de namorar, nas dobras da camisa, unha picada no peito.

—O pai segue no cárcere. Aínda non o fun ver, non imaxinas as cousas que di del a tía Isabel.

—Manuel tamén estaba asañado co pai...

De nada serve matinar no que pasou antes, no que puido ser. Porén, lembra a nai suplicando, primeiro pola preñez, despois por gardar o fillo. Na súa voz había medo. Mamai!

—E ti? Púxoche a tía Isabel a traballar?

—Di que agora, ao facer catorce anos, irei servir á casa dunha señora. Se non me puxo antes, foi por facer de criada na súa casa: limpar, cociñar, refregar o chan... Mira como teño as mans...

A pel das mans levantada, como a dos cachelos.

—Tróuxenche dúas mazás, toma, son tres cuncas, que tanto che gustan. E este anaco de broa.

A visita faise curta; Nola promete vir axiña. É algo polo que esperar, rachará a sucesión de días un igual a outro.

Ao subir das visitas, está a Galera alporizada. Todo é correr dun lado para outro, falar a voces. Felisa berra co seu ton agudo, oe a sor Angustias laiándose: Ai Señor! Voume esvaecer… Os sales!

—Que ocorre?

É Otilia, unha das que viña ás clases de lectura, cando as había, quen contesta.

—A Loba escapou.

—Escapar de aquí? Imposible!

—Disque pediu confesarse co capelán novo, sabes? Ese miúdo. O caso é que hai media hora os gardas viron saír o capelán, envolto na capa, co chapeu. Mais hai un momento, a Zarronca oíu ruídos no oratorio e entrou. O capelán estaba dentro do confesionario, amordazado, vestido coa camisa da Loba, e por baixo, Deus me perdoe, espido como súa nai o botou ao mundo…

—Seica —intervén Xenerosa— dixo a Zarronca que estaba… arreitado o… o…

—Como queira que sexa, a Loba bateu na súa cabeza cunha pedra e perdera o sentido. Así, deulle tempo a liscar disfrazada. Sendo ela tan alta e el tan pequeno é fácil confundilos.

—Non foi cunha pedra —di Asunción—, senón coa tampa dunha pota que roubou na cociña, encontrárona no confesionario. Tampouco é certo que estivese nu, levaba os calzóns por baixo. Ou pensas que van nus por baixo da sotana?

—Non sei, que nunca me enguedellei cun cura! Saberás ti, porcona! Digo eu que por baixo da sotana terán o que todos os homes...

No confesionario?

—Se cadra entendíase cun garda e por iso a deixou saír; sábeo a Zarronca. Sotana ou non sotana, ninguén confunde unha muller cun home, até o cheiro é distinto.

—Cun home talvez non, mais cun cura... E que sabes ti do cheiro a home, se nunca cataches un?

Otilia sentencia:

—Será ou non será. Todos os feitos de Pepa a Loba convértense en lenda.

RODA QUE NON ENGRENA

San Pedro de Nós, 19 de xullo de 1865
Sr. don Jesús de Monasterio, Madrid

Meu querido Jesús:

Gran satisfacción tiven coa súa carta, o primeiro por ser de Vde., o segundo polas súas dimensións. Reciban vostedes todos os meus máis cordiais e dobres parabéns, polo enlace da súa irmá Regina e polo completo restablecemento da súa señora nai. Eu non vou tan ás présas. Grazas á benéfica influencia do campo, empezo a dar os primeiros pasos, nada máis. Resistín heroicamente os plans médicos e tomo, por toda medicina, canto de paxaros, murmurio de augas, vista de prados, sombra de árbores e arrecendo de flores, con longas doses de santa amizade da santa muller que me acolle nesta deliciosa quinta. Agradece moito as lembranzas de Vde., que non é un descoñecido, pois ela contribuíu cando estivo en Palacio a que fose vostede ao internado, e lembra o seu bo pai cando o presentou á Raíña, tendo vostede seis anos, e como bailou enriba da mesa despois de tocar o violín.

O meu silencio foi un tanto longo, a súa composición química é a seguinte:

Ocupación	*0,30*
Fastío	*0,50*
Falta de saúde	*0,19*
Preguiza	*0,01*
Falta de amizade	*0,00*

O total é 100 = Non dar chío. Espero de Vde. unha inmensa gratitude por esta fórmula, de grande utilidade para un preguiceiro coma Vde., no canto de gastar a metade da carta para explicar por que non escribira. Cando deixo de escribirlle, case todos os días digo: Teño que escribir a Jesús. E con iso téñoo a Vde. no pensamento.

A S. M. (q. D. g.) tivo a ben deixarme cesante. E o máis terrible do caso, o que me ten inconsolable, é que non quedou satisfeita do celo, lealdade e intelixencia cos que desempeñei o meu destino, ou polo menos non mo di. Para falar en serio de todo isto sería mester escribir moito, e non paga a pena. Dise todo en dúas palabras: eu fixen o que debía e os demais o que quixeron. Era eu unha roda que non engrenaba con ningunha outra da máquina penitenciaria e debía suprimirse.

Supoño quen lle daría a Vde., das Cartas aos delincuentes, *as noticias que non menten; ben será que non se equivoquen tampouco. Mais son as Cartas un libro que non se fixo para ser encadernado ou para dicir que está ben escrito a quen así lle pareza. Despois que Vde. o lea, se chega no seu corazón á mesma profundidade da que saíu do meu, cóllao e colla o camiño do cárcere, lea alí o que lle pareza segundo o auditorio. A primeira proba que se fixo saíu ben, e o que fará o libro, se fai algún, será obra da caridade, porque o Goberno non quere moralizar as prisións, afasta da esfera oficial a quen procura moralizalas, e contesta ao primeiro libro que con este obxecto se escribe deixando cesante o autor. E isto chámase*

Goberno?! Gran necesidade hai de refacer o dicionario se debemos entendernos.

Teño aquí o meu Ramón, bo e contento coa súa nota de sobresaliente, e a Fernando co seu grao de Bacharel e o seu premio de física, que gañou en oposición. Ambos os dous saúdan a Vde. afectuosamente e tamén a súa nai,

CONCHA

O brusco cese, a finais de maio, ten efectos sobre a saúde da Visitadora, ou da que tal foi e volve ser unicamente Concha. Pasa un tempo adoecida dunha parálise, eivada, sen poder camiñar. Nun primeiro momento pensou que a finalidade da destitución era substituíla por alguén máis dócil, menos belixerante ou que non entrase constantemente en conflito con alcaides, alcaldes, gobernadores, autoridades todas da Coruña e da propia Galera; un home, por descontado. Porén, o seu cese supón tamén a eliminación do cargo. De agora en diante —ou polo menos mentres non cambie o Goberno— o alcaide, sor Angustias, Felisa, a maquinaria toda da Galera poden campar ao seu antollo sen que visitador ningún vele pola calidade da comida, por ensinar as reclusas a ler ou a traballar en algo proveitoso ou por evitar as corruptelas.

A xustiza é un morcego esquivo e aínda que unha crea que está danzando ao ritmo que lle marcamos, subitamente enxamea, muda de rumbo no luscofusco sen que poidamos enxergalo.

—A xustiza, Juana, é como un morcego, está aquí neste momento e ao seguinte xa non o vemos nin hai modo de lle orientar o rumbo. Estes marfalleiros conseguiron derribala ao voo con malas artes... e eu nin sequera teño aquí a miña escopeta.

—Que é iso da escopeta? Tes unha escopeta? Pensas fuxir ao monte como a Loba?

—Conteiche da noite en que botei man da escopeta?

—Mais, sabes disparar? Podías ser da partida de guerrilleiros do meu home!

—Ai, non! Tiña eu vinte e tres anos, xa morrera miña nai, vivía soa na casona de Armaño, era feliz, todo o feliz que pode ser alguén tan dado á melancolía coma min. Andaba ceiba, de día polo monte; se chovía, o que non é raro nesas terras da Liébana, enterraba o nariz nos meus librotes. Unha noite acordei co ruído, uns ladróns entraran na casa, o que non era difícil estando fechada unicamente por un tarabelo e, descoidadamente, comezaron a abrir baúis e tirar ao chan os caixóns do alzadeiro. Na porta da casa, saíndo co seu botín, discutían a voces sobre se debían entrar de novo e coller máis cousas; semellaban bébedos. Botei man da escopeta que estaba nun armario no corredor, e disparei pola fiestra...

—Así que sabes manexar unha escopeta... Feriches ou mataches a algún?

—Non, ho! Apuntei a uns buxos que había no xardín... Mais chegou para que liscasen, e até deixaron caer un dos sacos cheos de cubertos. Por certo, algúns eran de prata, mais outros eran de alpaca, bo chasco habían levar.

—Sempre dixen que eras moi destemida.

—Iso dixeron os xornais, mesmo un de Madrid; o que máis chamou a atención do correspondente non foi tanto que andase a tiros cuns ladróns, senón que soubese latín, onde se viu unha muller lendo en latín... Agora, para destemida ti, fai falta máis valor para enfrontarse ao gobernador que para poñer en fuga uns rateiros de media tixola. Con todo, ben ves que con eses prebostes non me valeu de moito. Nin cheguei a tres anos. No canto de visitadora, acabei sendo unha visitante.

Visitante que pasa fugazmente. A conciencia do fracaso perséguea. De todo canto se propuxera na prisión, o que conseguiu foi eliminar o curtido de peles, derivando as reclusas para o fiado, indispensable para non perderen o xornal; as presas algo máis limpas, peiteadas, algunhas aprenderen a ler; pouco máis. Admira a Juanita, capaz de caer e erguerse unha e outra vez, de bater contra a corte de palacio nos seus intentos de educar unha raíña de once anos que apenas sabía escribir sen cometer unha falta de ortografía cada tres palabras, de teimar nas denuncias pola ínfima calidade do pan. Non se deixou intimidar nin polas dimisións das damas da raíña nin polo desleixo do gobernador nin polos ataques da prensa. Raramente afunde na melancolía. Tan só a morte de Paquita logrou magoala de forma visible.

A granxa da Carballeira en San Pedro de Nós é lugar adecuado para sandar doenzas do corpo e do espírito, sendo un anaco do paraíso que ficou engarrado na Coruña. Para as enfermidades do corpo, segundo a cociñeira, nada hai mellor que un caldo limpo, consomé preparado con galiña, xamón, cenorias da horta e outras herbas; no medio estrelou unha xema de ovo que apenas sufriu un fervor e se abre na cunca, prestando ao caldo o que a cociñeira chama o alimento. Outras delicias culinarias como as ostras gratinadas, a especialidade da propia Juana, ou as torradas frixidas con azucre e canela son indixestas de máis para o seu delicado estómago.

En canto ás da alma, o rumor da auga é dos poucos remedios que calman os nervios da que foi visitadora. Cando non chega á casa o balbordo, ben da veciñanza que celebra con bombas e foguetes as festas do verán, ben da milicia, o que a leva á escrita do poema *Protesta*, en nome propio, da condesa, do político Salustiano de Olózaga, de visita na granxa, queixándose tanto das zocas dos primeiros como das botas dos segundos. Son momentos nos que deixa ceiba a súa retranca, noutros escritos coutada pola seriedade dos temas. Fernando escribiu o poema ao ditado, como fai coas cartas; este fillo é un grande apoio, léndolle cando está cos ollos pechados por causa da xaqueca, facendo mil tarefas. O balbordo das festas de verán escorrenta os morcegos, que tanto lle gusta contemplar ao caer a tarde. Intenta ensinar a Fernando a distinguilos dos paxaros. Os seus fillos non viviron, como ela, unha infancia no campo.

—Como sabe vostede que é un morcego e non un paxaro, nai? Se quedasen quietos... Véxoos só un instante. E hai tan pouca luz...

—Se quedasen quietos non serían morcegos. Voan máis rápido, zigzagueando, non van en liña recta.

A granxa, con todo e ser un espazo de harmonía, non tería o mesmo efecto sen a dona da casa. Juana María verte sobre ela a súa amizade, en forma de reflexións sobre a utilidade dos seus esforzos, pois cree que dos fracasos é posible tirar máis aprendizaxes que dos éxitos, así como en dirixir a súa ollada cara ao mundo exterior. Niso ten a axuda do seu común amigo Olózaga.

Salustiano de Olózaga goza máis ca Concha das delicias culinarias da granxa. Fala con paixón, sacudindo so seus rizos brancos, da abolición da escravitude.

—Este ano de 1865 pasará á historia —afirma—, non por un cese inxustificado por parte da raíña, que pronto esquecerás, senón pola vitoria nunha causa na que levamos tempo empeñados.

—Que vitoria?

—A abolición da escravitude, Concha… Si, ben sei que neste país aínda non o logramos; a lei indigna que prohibe a escravitude en España permítea nas colonias de ultramar. Porén, a abolición nos Estados Unidos abre un camiño de esperanza. Outros países seguirán.

—Mais o presidente Abraham Lincoln, que proclamara a emancipación dos escravos, foi asasinado ás poucas semanas.

—E un día despois desa noticia histórica —engade Olózaga—, o dez de abril, unha ducia de manifestantes, estudantes, rapaces, mulleres, vellos, morreron en Madrid ás mans da Garda Civil, na Noite de San Daniel. Defender o reitor da universidade, deposto por non destituír a Castelar, criticar a censura e a raíña saíulles caro.

—Eu teño lealdade a Isabel —di Juana—, do tempo en que fun a súa aia, mais creo que no artigo "O trazo" Castelar leva razón. Nun momento de crise económica, destinar a cuarta parte dos ingresos de bens do patrimonio real á facenda privada da raíña dista moito de ser unha boa idea. Non debía censurarse o texto, e menos expulsar o autor da universidade.

—Non sei se máis adiante, ao lembrar este ano —resume Concha—, pesarán máis na balanza as vitorias ou as derrotas. Sobre todo, neste país onde hai días en que unha pensa que vivimos no Medievo.

—Cómpre ter confianza no futuro. Salustiano e mais eu fixemos sesenta anos, eu en marzo, el hai un mes, e aínda esperamos ver mudanzas... Ti es moito máis nova.

—Ver como inclúen os escritos dos krausistas no Índice de Libros Prohibidos, como se fosen blasfemos... Juanita, eu son cristiá, creo en Deus, mais non podo estar de acordo con estes que se fan chamar neocatólicos e deciden sobre o ben e o mal. Mira o Papa Pío Nono e o seu *Syllabus*, compendio dos erros do noso tempo, no que se opón, segundo o seu propio resumo, a todo o que é progreso, liberalismo e a moderna civilización. Eu escribín un poema que non conseguín publicar... Acaba así:

Aunque de esclavos viles
te veas aclamado,
ya no eres Pío Nono,
pontífice ni rey.

—Publicar! Onde se ía publicar? —ri Juana—: Un poema titulado *Contra Pío IX* e que acaba dese modo... Máis que un poema é un libelo. Por riba meteume a min polo medio, estando escrito no meu papel de cartas...

—Gustaríame lelo completo —di Olózaga—. Mais indo a cousas que podemos mudar, o que non é o caso do Papa e as súas bulas, deberiades integrarvos na Sociedade Abolicionista de Julio Vizcarrondo. A súa muller, Harriet Brewster, está organizando un Comité Feminino Abolicionista. A min pedíronme que fose presidente da sociedade e aceptei.

—Seino —di Concha—. A miña amiga Pilar Matamoros forma parte do comité, e tamén a poeta Carolina Coronado. Mais participar nesa sociedade, non creo... Paréceme que está tomando un carácter político. Son republicanos...

—Que cousas tes! Republicano son eu, e político... cando non me mandan ao exilio. Acabar co tráfico de escravos é unha batalla política que imos gañar. Polo menos, prométeme que escribirás algún dos teus magníficos artigos para o xornal *El Abolicionista*. O ano que vén imos convocar un certame literario sobre o tema "Abolición da escravitude". Participarás? Despois do dedicado a Pío Nono, este poema pode ter mellor sorte.

—Veremos... Eu son máis ensaísta que poeta. Pensareino.

Concha promete escribir para o xornal, en todo caso empregar a súa pluma a favor da abolición. Integrarse na sociedade, non, ela é unha roda que non engrena nin na máquina penitencial nin en empresas colectivas de incerto rumbo. Sexa como for, unha cousa é o compromiso e outra a esperanza. Verán a fin da escravitude? As mudanzas nos cárceres? A xustiza é un morcego e voa en zigzag, non sempre vai cara adiante.

O MUDO CORO DAS MALAS MULLERES. DESAFIUZADA

Pobres de nós! Por que? Por que?

Escoitái: os alguasiles
andan correndo a aldea.
Mais ¿cómo pagar?, ¿cómo, s'un non pode
inda pagá-la renda?

Mala cousa é que o teu patrón sexa tamén o teu caseiro. O meu Arximiro sempre traballou arreo, o forno de pan estaba aberto todos os días da semana; unicamente pechaba o día de Nadal e o Venres Santo. Ás cinco da mañá prendía o lume para a primeira fornada e os máis dos días non volvía para á casa até despois das seis. Poucos saben amasar ben, el aprendérao do pai. Chegaba todo enfoulado, adoitaba dicir: María, eu veño branco de fariña, se casases cun ferreiro sería moi malo de lavare. Lembro eses días felices, o tempo da fariña, lambela do seu corpo tan fermoso. Tamén hai beleza no corpo dun home. O de Miro era perfecto, pode que aínda o sexa se o cárcere non o crebou.

Bo marido, nunca me levantou a voz e menos a man, bo pai. O que o perdeu é ser bo irmán. Charo tiña quince anos cando o patrón lle ofreceu despachar na tafona. Coxiña dunha perna de nacemento, mais feituca de cara e corpo. Axiña se viu que o patrón quería algo máis que unha empregada para vender roscas e moletes. Primeiro foron as palabras afagadoras: que tan linda es, que bonitos ollos. Despois as propostas deshonestas, o belisco, a faneca nas cachas, a man pasando a carón dos peitos. Os afagos convertíndose en insultos, ti, eivada, quen te vai querer non sendo eu, non mo queres dar e dimpois de vella pódelo salgar. Unha tarde, antes de abrir a tafona, intentou forzala, Miro impediuno. Non volvas, díxolle. E non vas traballar nunca máis nun forno de pan, direi que roubabas.

Quen te vai querer! Querémoste nosoutras. Pobre de ti!

Sen traballo el. Vivindo do pouco que gañaba eu cosendo, un non pode pagar a renda! Un mes de atraso e o patrón denunciándonos. Escoitai, aí veñen os algoasiles, aí os veñen.

Embargarannos todo, que non teñen
esas xentes concencia, nin tén alma.
¡Quedaremos por portas,
meus fillos d'as entrañas!

¡Mala morte vos mate
antes de que aquí entredes…!
Dos probes, ó sentirvos,
¡os corazós, cal baten tristemente!

Ai de ti, desafiuzadiña! Pobre de ti, quedaches por portas cos fillos! Non teñen concencia, non teñen.

Vendéronnos tallo, vendéronnos arca, o pote do caldo e a manta da cama. Venderon o sacho, leiras non había, deixáronnos soio ca roupa vestida. Meus fillos das entrañas! Durmindo baixo a Ponte da Gaiteira, a carón do río Monelos. Miro procurando un traballo, o que fose, para traerlles aos fillos un anaco de pan. Ai, que tempos cando nunca nos faltaba pan acabado de cocer! Xa nin lembro o arrecendo. Traballou descargando no peirao, duroulle poucos días. Tes que ser da corda dos estibadores para ter un emprego. Falamos de embarcar para América, mais quen pode pagar a pasaxe para cinco?

—María, se non fora
porque hai un deus que premia e que castiga,
eu matara eses homes
como mata un raposo a unha galiña.

—¡Silencio! ¡Non brasfemes,
que este é un valle de lágrimas!
Mais ¿por que a algúns lles toca sufrir tanto
i outros a vida antre contentos pasan?

Como mata un raposo unha galiña! Matar o raposeiro. Verdade, este é un val de lágrimas!

Eu teimaba en que el non matase. El, de alma tan branca como a fariña, non podía ser pecadento. Matalo non! Entón, dun salto, pillei a fouciña. A lúa escondíase e a fera durmía. Botei man do seu pistolo e dun golpe, dun soio, chapodeino.

O que vén despois xa o sabedes. Culparon a Miro, porque un veciño lle oíra ameazar con matalo. El ao Cárcere Real, eu aquí cos nenos. O pequeno morreu ao pouco de chegarmos. Non podo falar diso sen afogar nas bágoas.

FLORES DE TOXO

Ten saudades de Fefa, de Pepa, do seu sorriso pillabán, dos seus aloumiños. Lembra os minutos no interior do confesionario, pel contra pel, a forma en que pousou cun bico a tintura de láudano na súa boca, a media cebola, que parece pouca cousa e significa tanto aquí dentro. A muller paxaro que inclina a cabeza como unha garza e camiña como deben camiñar as princesas ou as raíñas. Admira a súa afouteza, o seu enxeño, o modo en que conseguiu enganar gardas, burlar a vixilancia. Bótaa en falta, mais grazas a ela a desesperanza mudou en esperanza. É quen de imaxinar a saída da Galera, contar os días que faltan, menos de dous anos. Mesmo pensar en Xacobe sen angustia, aínda que talvez agora ande da man con Carmela. Catro anos son moitos anos para agardar por calquera, e máis por unha delincuente. Ás veces soña esperta que van de a cabalo polo monte, entre as uces e os toxos en flor. Chove, mais non se coidan da chuvia que empapa as súas roupas.

Será debido a ese soño polo que está bordando a punto de cruz flores de toxo nun mantel de tea de panamá. Tivo que facer un debuxo antes, había modelos doutras flores mais non de toxos. Os labores das presas son para vender e sor Angustias non está de acordo coa escolla.

—Quen vai querer mercar un mantel con toxos? Pican, rabuñan, non valen para nada.

—É un bordado, sor, non vai espiñar a ninguén.

—Por que non bordas margaridas, violetas, unhas flores normais, como fan as outras? Que muller tan pouco guiada!

—De margaridas hai abondos. Se cadra algunha señora quere un distinto, orixinal, un que só teña ela. Podo bordar tamén floriñas das uces…

—Uces? —pregunta sor Angustias, que é de Boimorto mais decote fai como se non entendese o galego—. Que é iso das uces?

—"Brezos", sor, "brezos", que na aldea chamamos uces e usamos para prender o lume —explícalle Asunción, unha das que saben ler e fala castelán, con certo ton de retranca—. E os toxos ben que valen para facer estrume na corte. Ou é que en Boimorto non hai estrume? Para iso si que non lle sei outra palabra.

Por fortuna, mentres están cosendo, non as vixía sor Angustias, senón sor María, unha monxa velliña que non se preocupa do que bordan ou deixan de bordar, con tal de que non haxa rebuldaina.

Foi a señora Paquita quen lle ensinou a bordar a punto de cruz. Case todo o que sabe débello a ela, ler, escribir, bordar, ademais das palabras que ten gravadas no seu interior: Segue o teu propio camiño. O teu, aínda que sexa diferente do dos demais ou doutras mulleres.

—Hoxe, Sisca, no canto de ler, imos aprender outro modo de escribir, con agulla e fío e non con estilo ou pluma.

—Bordar? —preguntou, porque vira na súa man a caixa de costura.

—Se cadra algún día deixarás de fregar o chan onda a señora Ignacia e entrarás de aprendiza nun obradoiro como o de Dolores, a que cose sabas e manteis para esta casa. Gustaríache?

Gustaríalle calquera cousa mellor que cas señora Ignacia. Ou iso pensaba daquela, non coñecendo a Galera. O primeiro que bordou a punto de cruz foi unha casa con porta, fiestras e a súa cheminea nunha roupiña para Xaquín, que acabou levando de mortalla. Era unha silueta, un bordado sinxelo, non como os toxos neste mantel, que teñen flores e tamén pugas. Se non o compra ningunha señora, cando saia, levarallo de agasallo a Fefa para comeren nel. Nunca comeu nunha mesa con mantel, e mira que lavou ben deles. No fondo desexa que ninguén o merque, aínda que unhas poucas moedas lle virían ben ao saír licenciada.

O xergón de Fefa estivo uns días baleiro, agora ocúpao unha pobre tola chamada Tomasa. Non a coñecía, porque estivo pechada durante meses nunha das celas individuais. Decote berra frases incomprensibles e antes, disque, batía nas paredes con estrondo. Sor Angustias decidiu que agora estaba máis tranquila e que lle viría ben a compañía doutras mulleres:

—A ver se acouga…

Ten o cabelo pedrés, longo e enguedellado, e a mirada extraviada; os cotelos con cicatrices de petar na parede. Olla para un lugar que só ela ve, moumea palabras dirixidas aos que poboan ese lugar. Ás veces non quere ir coas demais, nin ao oratorio nin a comer, así e todo, as monxas déixana por imposible.

Nola tarda máis de dúas semanas en a visitar de novo, mais por fin chega:

—Vai ser cousa dun minutiño, aproveito que me mandou ir por fariña e non podo tardar máis da conta. Como estás?

—Contando os días.

—Hoxe tes mellor cara. Só puiden traer esta mazá.

—Non te preocupes por iso. O que máis necesito é verte a ti. Nola… Quen nos denunciaría? Ti sábelo?

Nola encóllese de ombros. Ninguén o sabe. Só a Garda Civil e non llo van dicir.

Ten que llo preguntar. Agora que hai esperanza, pode aturar o golpe. Necesita saber de Xacobe.

—Nola, quería preguntarche por un veciño noso…

—Por Xacobe, non si?

—Ti sabías que Xacobe e mais eu…?

—Sisca, que cousas tes! Sabíao todo o mundo. Ou cres que pensabamos que ías camiñar ti soa? Tamén a nai. Dicía, é un bo rapaz para a nosa Sisca.

Ten o corazón na gorxa, non é quen de falar. Nola prosegue:

—Hai mozas facéndolle as beiras, contoumo a tía Isabel. Sabes Carmela?

—Sei.

—Non cho quixen contar o outro día para non desgustarte. Seica andan xuntos. Mais tampouco podes facer moito caso dos contos que trae a tía Isabel.

—Xa supoñía que non ía esperar catro anos por unha presa…

—Poder, podía. Mais así son os homes… Saberás que entre as cousas que trouxo a tía Isabel da nosa casa hai un paniño azul con margaridas… Debeu darcho el.

Os dixomedíxomes corren pola Galera á velocidade do lume. Ás veces son rexoubas internas, tal muller e tal outra tiveron unha liorta por unha mancha na roupa lavada; aquela roubou un ovo da cociña; sor Angustias lavoulle a boca con xabón a unha que botou unha blasfemia, baixou os santos do ceo.

A Visitadora non volverá. Disque foi cesada, despedida. Non se axaldaba co alcaide nin con outros gobernadores. Agora que marchou, hai como unha inquedanza entre as mulleres, Otilia di que intentaba mellorar a vida das presas.

—Quen nos vai defender dos abusos? Quen mirará que o pan sexa pan?

É certo que xa non hai escola, as que non aprenderon a ler ficarán analfabetas. As socias da Madalena veñen algún día, mais tamén se di que chegou unha, a señora Julia, e non a deixaron entrar. Hai tempo que ninguén lles le versos de *Cantares gallegos*. Así funciona isto, elas queren saír e non lles abren a porta, as señoras queren entrar e impídenllo. Sisca querería e non querería ver de novo a Visitadora. A carta aquela era terrible, mais non pode esquecer que a colleu da man.

O que chega hoxe é unha desas informacións do mundo de fóra, traídas probablemente por unha visita, e que poden mudar ao pasar dun cuarto a outro.

—Sempre dixen que era unha asasina —pronuncia a Caparrabicha—. A peor, porque mente, intenta enganar á xente con eses aires, esa fachenda que ten. Velaí tes a proba.

Algo na ollada que lle dirixe faille intuír que é de Fefa de quen falan. Mais non di nada.

—Pois é. Abriulle o ventre cun coitelo, como se fose un porco, dispensando —di unha muller doutro cuarto da que non sabe o nome, e baixando a voz engade—: Seica era o seu pai, o albeite.

—Prendérona? Agora si que non vai librar do garrote.

Sente un calafrío. Será posible? A outra abanea a cabeza.

—Non hai gardas capaces de prender Pepa a Loba. Botouse ao monte, disque, cunha cuadrilla de bandidos dos que ela é capitá. Quen vai procurala nesa matogueira, entre os toxos e as silvas?

Instintivamente busca coa ollada o mantel cos toxos, mais está dobrado baixo o xergón, fóra da vista.

—E o seu can —di Tomasa, a tola, e a súa voz rouca sorpréndeas a todas—. O can esperou por ela todos estes anos. Os cans agardan por nós.

—Aínda a veremos presa, cos grillóns postos —predí a Caparrabicha—. Ha volver á Galera para saír camiño do patíbulo. O que torto nace tarde ou nunca endereita.

Palabras como pugas de toxo, grillóns, patíbulo, garrote. A Fefa, non! Porén, tamén dixeron que non hai quen a prenda.

E ela que fará? Irá xunta Fefa e cabalgarán as dúas polo monte?

O sono tarda en vir. A comezos de setembro, cando o río vai máis baixo, quedan ao aire as raíces dos salgueiros, vermellas como sangue, vermellas como o cabelo das meigas. Iso ao menos é o que dicía Carmela para poñerlle medo, é o cabelo da meiga chuchona que vai saír da auga para levarte. A Visitadora ten o cabelo vermello, ou así o tería antes dc se tornar ruzo, e non é meiga. Canto daría hoxe por camiñar na beira do río; talvez onde está Fefa haxa un río e poida ensinarlle as raíces dos salgueiros.

MEDIAS IRMÁS

Era a única rubia das tres irmás e seu pai facía brincadeiras sobre ese cabelo vermello, que en tempos pasados era a marca das bruxas e podía ser suficiente para acabar queimada viva. Ángel era louro, acaíalle a cor ao nome; e a nai tiña o cabelo castaño claro. Porén, dicía a avoa Jesusa, a de Armaño, o cabelo vermello non aparece así como así, vai chimpando dunha xeración a outra:

—Na familia Arenal, a do meu marido Vicente, que en paz descanse, houbo polo menos dúas tías rubias. Moi bravas, moi rabudas, ningunha das dúas casou. Na miña familia non houbo ningunha.

—E sabe vostede se eran bruxas, avoa?

—Que boubaría! Quen che meteu iso na cabeza?

—Meu pai… non ía en serio. E homes rubios? Ou eran todas mulleres?

—Non tal. Houbo un tío, irmán do bisavó, un tal Eleuterio… Mais onde ten que haber seguro é na familia da túa nai. O que pasa é que co de seren da Orde de Santiago, non falaban diso. Mais haber, habería. Xa digo que non aparecen do nada.

—Será por iso que son rabuda, como di miña nai…

—Non teñas coidado da cor do cabelo. Tes que ser un pouco máis guiada, iso si, non che fará mal ningún.

Desposuída da condición de visitadora, negándose a ser unha mera visitante, Concha toma sobre si o papel de vedoira. Esculca no futuro procurando non un destino individual, senón o camiño que tomará a sociedade ou, mellor, o que na súa visión debería tomar. Como a sibila en transo, enxerga o que os demais non poden ver, os pasos necesarios para que a súa visión se encarne na realidade. Talvez o cabelo vermello axudase, mais nesta idade xa o ten ruzo.

A vedoira de San Salvador de Leiro tiña sona de predicir a morte, porén ela non puido anticipar a de Micaela Desmaissières, vizcondesa de Jorbalán, a muller que dedicou a súa vida a crear colexios de desamparadas e recollidas para as prostitutas, un modelo de caridade louvado no seu libro *A Beneficencia, a filantropía e a caridade.* A súa relixiosidade levouna a profesar de monxa como madre Sacramento. Nestes días de agosto, mentres a vida transcorre placidamente en San Pedro de Nós, Micaela acudiu a Valencia, onde a epidemia de cólera levara a desolación á Casa das Desamparadas. En van intentaran convencela do risco a que se expoñía. Contaxiouse e morreu o 24, apenas cinco días despois de chegar.

—Canto a criticaron por esa viaxe! —indígnase Juana—. O mesmo que ocorreu comigo cando o cólera na Coruña... Sabes? A data da morte é exactamente catro meses antes que o aniversario do meu home; el morreu un vinte e catro de decembro, o día de Noiteboa, o ano que vén fará trinta anos. Dous aniversarios en días consecutivos, mira que a nosa voda foi un vinte e cinco de decembro.

—Pero ti non tiveches que pedir prestado un traxe de muller porque o cura non quería casarnos vestidos igual...

Deixoumo a cuñada do noso bo amigo Salustiano de Olózaga.

—Iso non. Eu vestía como unha mociña, pensa que tiña dezaseis anos. Mais foi unha voda daquela maneira, debín casar por poderes, porque Francisco fora enviado a Sigüenza en castigo... Porén, agora hai quen di que visto como un home, que ti e mais eu vestimos como homes.

—Sobre todo eu. Porque non uso xustillo e vou de negro. Á fin son viúva. Mellor vestir de negro que comportarse de forma deshonesta, como esas viúvas que pouco despois de morrer o marido xa están coqueteando con outro home. Tan pouco o querían?

A teimosía en criticar as viúvas que se enguedellan con outro home ten pouco desa racionalidade da que tanto se gaba. Se lle repugna a idea é debido ao segredo ben gardado que nin sequera comparte con Juanita. Intenta convencerse a si mesma de que a condena está fundamentada na historia do dereito que coñece polo miúdo; na antiga Roma as mulleres non podían contraer matrimonio até transcorrido un ano de loito polo marido, casar levábaas a seren consideradas infames, degradadas coa perda de dereitos civís. Na Idade Media chegaran a prohibirse as segundas nupcias: en todo caso, era á conta de perderen a tutela dos fillos. Tamén o pobo censura as viúvas que casan por segunda vez someténdoas a unha cinzarrada, humillación terrible na noite de vodas. Porén, cómpre desconfiar dos sentimentos populares, sobre todo cando se dirixen contra as mulleres; as máis das veces, non responden á sabedoría, senón a prexuízos difíciles de derraigar. Sen ser tampouco doado derraigar os propios sentimentos, crer que Concha Ponte traizoou a seu pai ao namorar con aquel Apolinar. Como era posible, despois da relación cun ser superior como foi Ángel, substituílo tan cedo por un home mediocre? Só podía haber unha explicación, que a nai non aspirase á excelencia. Se non chegou a casar, talvez puido ser por non perder o control da herdanza das fillas. Mais as relacións con Apolinar non foran platónicas, próbao a filla, a nena nacida poucos anos despois da morte de Ángel. Carmen López Ponte, a rapaza que agora será muller, coa que nunca quixo ter trato, a filla natural recoñecida pola nai, é unha puga que non consegue tirar. Comparten apelido, naceron da mesma nai. Medias irmás. Nos contos que lía de nena, as medias irmás maltraían Cinsenta. Certo que eran fillas da madrasta, e Cinsenta filla da nai morta, que lle enviaba consolo a través da abeleira. Mellor levaría a traizón se fose obra dunha madrasta. Máis dunha vez matinou en ser ela media irmá para Carmen. Nos contos a rapaza boa é a máis nova; as ruíns, as medias irmás máis vellas. O cabelo das ruíns era vermello.

O nacemento da media irmá, proba material dunha relación deshonesta, envelenou para sempre as relacións coa súa nai. A sospeita de que o endebedamento, a hipoteca da casa de Madrid pola que obtivo sete mil reais en 1839, estaba destinado a facer un peto para Carmen desencadeou a súa marcha a Armaño. Un segredo do que non era posible falar con ninguén, aínda que nunha carta ao seu tío Manuel chegou a escribir, atribuíndollo a el: diríame Vde. que para procurar a felicidade o primeiro paso debía ser separarte da túa nai. En certo modo, separada estaba cando a nai morreu de repente en Madrid. As palabras que lle dirixira cando naceu Carmen aínda queiman ás veces: A nena non ten culpa, non tes compaixón dela? Xa saberás o que é cando teñas unha filla. Así falaría unha vedoira.

Non querendo discutir da media irmá con Juana María, o vello debate sobre as viúvas reverdece.

—Non entendo por que che parece mal que unha muller intente refacer a súa vida. Eu, por exemplo, contaba trinta e un anos cando morreu Francisco, era ben nova e sen fillos. Non tiña dereito a procurar un amor?

—Pero non o fixeches. Gardas o seu corazón nunha urna de ébano e prata no teu cuarto, dedicas boa parte da túa vida a escribir sobre el...

—Non sabes se o fixen.

—Juana! Non casaches...

—Concha, non sempre é necesario casar para ter un amor... Ti non cres que as mulleres tamén desexan? Amor, cariño e o físico, aloumiños e..., o pracer. Ti que defendes as mulleres seren iguais no intelectual aos homes, pensas que o pracer está reservado a eles?

Algo de razón ten. Desgústalle que as viúvas namoren, mais ela sentíase disposta a casar con Manuel de la Cuesta. Non era traizón á memoria de Segunda Polanco, a quen levara o cólera? Mais é testana, non vai dar o seu brazo a torcer.

—Ás veces disparatas, Juanita... E que me dis do corazón na urna?

—O do corazón de Mina é outra cousa. El foi un heroe. E se non fose viúva dun heroe, non sei se me sería permitido organizar esas asociacións, participar da vida pública.

—Ti tamén es afouta, tes un comportamento heroico. Organizaches o levantamento de 1846, a túa casa foi sometida a vixilancia logo da derrota...

—Iso non é nada, vixilancia... Solís e os outros once foron fusilados en Carral. Aínda me asaño cando penso niso.

—E non escamotearas unha vez, diante da policía, uns documentos perigosos? Como foi iso?

—Ah, coitado Manuel Solitano, o vello masón! Foi na malfadada viaxe que emprendemos meu pai e mais eu en 1823, a tombos dun porto a outro, fuxindo dos absolutistas. A orde da policía portuguesa, obrigando a todos os estranxeiros a presentarse, forzou a nosa saída de Lisboa en dirección a Camiña. Así mesmo embarcou, facéndose pasar polo criado do poeta Guedes, o ancián filósofo. Contoume que, temendo que a policía rexistrase a equipaxe, levaba no forro do sombreiro os documentos máis comprometedores. Ao día seguinte da nosa chegada a Camiña, irrompeu na hospedaxe un xuíz acompañado de militares co obxectivo de interrogar a Solitano: "Non é o seu verdadeiro nome Manuel Solitano de Figueroa, filósofo? Con que motivo oculta o seu nome e calidade?", preguntou o xuíz. "Véndome reducido polos recentes trastornos políticos" respondeu Solitano con severa dignidade "a procurar subsistencia no servizo doméstico, non quixen ocupar esta posición co meu propio nome, que ignora o cabaleiro a quen veño acompañando."

—Que terrible situación, Juana!

—A miña angustia ía en aumento. Concluíndo a luz do día, o xuíz mandou que evacuásemos a sala. Ao saír, vin sobre o banco de madeira o sombreiro de Solitano e, como un lóstrego, veu á miña memoria o seu contido. Collino na man, dicindo en portugués "o sombreiro de meu pai". Un feixe de papeis que, de seren encontrados, serían para el ou talvez para outros sentenza de morte ou de desterro a África.

—Que sangue frío! De ser home, Juana, serías un político.

—Talvez. E se cadra estaría morta desde hai vinte anos, como os mártires de Carral ou Mariana Pineda.

A Sociedade da Madalena leva a cabo no oratorio da Galera unha misa de defuntos por Micaela. Concha lamenta que ningunha entidade oficial lle tributase unha homenaxe, o único sitio onde se realiza é nunha prisión. Asisten as trescentas mulleres condenadas, os seus traxes grises semellan cubertos pola cinza da penitencia, e mais algunhas señoras da sociedade. Entre a misa e a oración fúnebre, como se Deus quixese dar ao acto a solemnidade da morte, é preciso levar o Viático a unha moribunda. Escóitase o *si, creo, si perdoo* do responso, pronunciados por trescentas mulleres culpables. Mestúranse as bágoas das penadas ás das socias. Un acto modesto, máis non se podía facer.

Concha organizou a misa, escribiu unhas exequias na revista *Galicia*, séntese solidaria con Micaela polo seu traballo coas mulleres máis desamparadas, polas críticas que os que teñen a pluma verteron nela. Porén, prefire falar de dona Micaela ou da vizcondesa de Jorbalán mellor que da madre Sacramento. Parécelle que, ás veces, tanto afán de sacrificio polos demais —que como neste caso pode levar á morte— vai acompañado dunha exhibición da propia bondade. Sente prevención cara aos mártires. De sempre ten algunhas reservas cara ás monxas, sobre todo as de clausura. Niso non coincide co seu admirado Feijoo.

—As mulleres reclusas, e mira Juanita que o nome é o mesmo para as monxas e para as presas, sen estudos, nin coidados, nin quefaceres, nin afectos, sen actividade material, moral, nin intelectual, non se desnaturalizan? Soberbia é a pretensión de perfeccionar a natureza saíndose dela.

—Porén, Feijoo di que a vida de clausura leva a unha tranquilidade de ánimo estimable sobre todos os tesouros da terra.

—Seino, mais iso é consecuencia de que frei Benito sacrifica a razón á fe. Eu penso que as mutilacións morais deforman o espírito, como as físicas o corpo. Mira o xustillo.

Estamos de acordo en que oprimir dese modo o corpo das mulleres produce danos no diafragma, nas costelas, causa atrofia muscular, as mulleres sofren dores nas costas, afogan... todo para ter unha cintura de avespa.

—Nótase que fuches a aulas de medicina... Certo, o xustillo é un disparate. Mais non sei se te atreverías a manter publicamente que as monxas de clausura sofren mutilacións morais...

—Perdín a oportunidade de facer un xuízo crítico da obra de Feijoo no ano pasado, centenario da súa morte... Admíroo moito, mais esa carta argumentando que a vida da relixiosa é mellor que a da casada asáñame.

—Aínda podes facelo dentro de dez ou once anos, no segundo centenario do nacemento. Mais de faceres público ese razoamento, atraerás o anoxo de todos.

—Quen son todos, Juanita?

—Os próceres, os que organizan homenaxes e centenarios, a Igrexa... Ti sábelo. Mais tes afouteza para levar a contraria ás autoridades todas. Es ben teimuda e cando pensas estar no certo nada te pode deter.

Concha está convencida de levar razón. Vedoira, enxerga nas mulleres do futuro a resistencia ás mutilacións físicas, a desaparición do xustillo, a negativa ás mutilacións morais. Non lles será negado o saber.

—Juana, agora que estou cesada e terei máis tempo, vou escribir un libro sobre a muller do porvir. Hai tempo que veño matinando nel. Non podemos permitir que se inculque ás mulleres que a súa única misión na vida é a de ser esposas e nais. Equivale a dicirlles que por si soas non son nada, a aniquilar o seu eu moral e intelectual...

—Bravo! Mais prepárate para as diatribas e mesmo os insultos. Liches o prólogo de Rosalía de Castro a *La hija del mar*? Di o mesmo con outras palabras, critica a idea de que a muller só é apta para os labores domésticos e que a que se aparta desa vida pacífica e tranquila, que diría Feijoo, e se lanza ás revoltas ondas dos tumultos do mundo é digna de execración. Debes estar disposta para a execración.

ZAPATOS DE VELUDO VERDE

A Sociedade da Madalena organiza unha misa fúnebre. Unha vizcondesa morreu por acudir a Valencia, onde hai cólera. Ás señoras da sociedade gústalles ver todas as presas rezando xuntas cos seus laidos uniformes grises; a Sisca non, parece estaren sempre cubertas de morriña. Moita saudade ten da roupa branca, da pouca que había na casa e mais da que levaban nunha canastra á rúa Real. Mesmo a que viña para lavar parecía limpa ou case; mudaban as camas por costume, non por teren manchas ou estaren suadas. No medio do funeral, o cura foi levarlle o viático a unha muller internada na enfermaría que morreu unhas horas despois por causa da tise. A semana que vén haberá outra misa, máis modesta, por esta reclusa da que non sabe o nome.

Nos días que seguen aplícase ao traballo no seu mantel dos toxos; está case rematado. Cando o acabe terá que imaxinar outro labor para facer máis levadío o tempo que falta antes de saír. Agarda o próximo día de visita, se hai sorte talvez veña Nola e poidan abrazarse.

Está bordando á primeira hora da tarde e vén sor Angustias, a boca máis apertada que nunca.

—Francisca, o alcaide manda que vaias ao seu despacho.

Esta orde cáusalle un sobresalto. Nunca fora chamada onda o alcaide. Que fixo mal? Levántase, deixando o labor e a monxa berra.

—A onde vas? Leva todas as túas cousas!

Que significa isto? Vana meter nunha cela de castigo onde estará soa? As súas cousas son o mantel e pouco máis. Camiñan en silencio polos corredores.

No despacho do alcaide hai unha gran mesa de escritorio, cun tinteiro de cristal cara ao que van os seus ollos e polo que sente envexa. Cheo de tinta azul, que fartura! El senta detrás da mesa e, do outro lado, unha das señoras da sociedade, dona Rosa, que viña ás clases da escola e lle sorrí.

—Grazas, sor Angustias —di o alcaide, facendo un aceno como despedíndoa, e ao ransoñar ela, engade—: Xa non a necesito, pode marchar.

Sae a monxa, pechando a porta de forma un chisco ruidosa de máis. O alcaide indícalle unha cadeira xunto a dona Rosa.

—Francisca, es moi afortunada. A condesa de Mina e as señoras da sociedade interesáronse polo teu caso, solicitaron clemencia, unha petición fundada na túa idade no momento de cometer o delito e así mesmo nos deberes que unha filla ten coa súa nai. A solicitude foi aceptada, hoxe chegou a orde para seres licenciada —sinala un papel enriba da mesa—. Aquí está dona Rosa para se ocupar de todo.

Queda muda. A nova tarda en percorrer o camiño desde os seus oídos á cabeza, aos seus adentros. Mira fixamente o tinteiro, esforzándose en comprender. Significa que será libre?

—Non tes nada que falar?

—Quere dicir que vou ser libre? Marchar? Cando sairei?

—Sairás hoxe, agora —é dona Rosa quen responde—. Xa es libre.

—É de ben nacidos ser agradecidos —interrómpea o alcaide—. Non vas dar as grazas a estas señoras que intercederon por ti?

—Vou, vou. Moitas grazas. Eu...

—Tempo haberá para iso —di ela, tendéndolle un envurullo—, non te preocupes. Aquí hai unhas roupas para te mudares. Son de loito porque aínda... O uniforme debe quedar na Galera. Vai e cámbiate.

Nada pode desexar máis que desfacerse dese farrapo gris. Vai ao aseo, tírao. No envurullo, unha camisa branca, unha saia e un mantón negros. Volve ao despacho, onde está unicamente dona Rosa.

—A Sociedade entrega un socorro de dezaoito reais ás licenciadas, unha axuda para os primeiros tempos fóra da Galera. Velaquí os tes. E, por favor, asíname este recibo, son tesoureira e teño que dar contas ás socias de todo o gastado.

Nunca viu dezaoito reais xuntos na súa vida e aquí os están, nunha bolsiña negra na man. Dona Rosa téndelle unha pluma mollada no tinteiro de cristal. Asina con dificultade. A señora Paquita ensinoulle, mais é a primeira vez que o practica.

E agora que? Irá para a casa da tía Isabel?

—A señora condesa quere falar contigo. Está agardándote na súa casa. Díxome que sabes ir. Ou necesitas que te acompañe? Queda moi preto.

—Sei ir á casa da rúa Real, grazas, fun moitas veces.

—É o que dixo. Daquela saímos xuntas da Galera e despedímonos.

Na rúa orballa. É unha delicia sentir a auga no cabelo, na pel. Entre as roupas que lle deu hai tamén un pano de cabeza, mais non o puxo; usouno para envurullar o mantel dos toxos, os fíos de bordar, as pouquiñas cousas que posúe. Ao saír da Galera decatouse de que non houbo ocasión de facer algo no que matinara, escribir debaixo de "desterrida" outras palabras, "non perdas a esperanza". Dicíase, escribireino ao marchar, pensando que faltaba moito tempo.

—Adeus, Francisca —di dona Rosa sorrindo—. Deséxoche moita sorte.

É tan nova a sensación de camiñar polas rúas que vai andando baixo o orballo e, cando se decata, xa está máis alá da rúa Real e debe volver sobre os seus pasos.

Peta na porta, ábrelle unha moza á que non coñece. Porén, ela debe saber da súa visita.

—A señora condesa agárdaa.

Condúcea a unha parte da casa na que nunca estivo. Nun cuarto luminoso, no que hai cadros nas paredes, libros e un xerro con flores sobre a mesa, a condesa senta nunha butaca cun libro nas mans.

—Ven, Francisca, achégate. Dinche Sisca, non é? Así é como te chamaba Paquita, tan querida. Alégrome de que fose posible tirarte da Galera.

Está atordada, non sabe que dicir. Ela tira os lentes para mirala.

—Eu... moitas grazas...

—Non sempre fan caso ás nosas peticións, sabes? A semana pasada deron garrote vil a un home para o que solicitaramos o indulto; fracasamos. Mais senta, senta, ou... pensei que talvez quixeses tomar un baño. Supoño que alá de onde vés iso non é fácil. Gustaríache?

—Gustaríame, si.

Pregúntase como será tomar un baño dentro da casa. Desde nena, cando a nai as lavaba ás veces nun barreño, só se bañaban no río. Na Galera todo era por parroquias, como na casa.

—Pedín que cho preparasen.

A moza que lle abriu a porta, a condesa chamouna Catuxa, lévaa a un cuarto no que hai unha almofía nun pequeno moble cun espello, unha xerra, e no centro o que chamou bañeira, grande e chea de auga. Quita a roupa, mergulla na auga quente. Pode estarricarse por completo, deixar que a auga turre por toda a morriña da Galera que aínda leva na pel. O xabón arrecende a flores. Gustaríalle ficar na auga, mais está quedando fría e a condesa agarda por ela. A carón da bañeira hai un tallo con panos de liño brancos para se secar. Como tantas prendas nesta casa, coñéceos, lavounos máis dunha vez. Arróupase nun deles e logo pon a roupa de novo. O seu propio ulido lémbralle o da señora Paquita. Facía tempo que non se sentía tan limpa.

—Mellor, non? —di a condesa.

—Si, moito mellor.

—Falemos entón do teu futuro. Queres un chocolate? A esta hora adoito tomar chocolate ou café con leite.

—Quero, si.

Non pode imaxinar, supón, que ela nunca tomou unha cunca de chocolate —unicamente repañou a chocolateira un par de veces na cociña— nin de café con leite.

—Sei que non tendes casa e que as túas irmás están cunha tía, mais talvez non queiras ir onda ela. Polo que pescudei, seica a túa irmá máis vella non está demasiado contenta. O primeiro que quería dicirche é que non tes que preocuparte, podes vivir aquí mentres decides.

—Agradézollo moito —parece o único que pode dicir.

Tampouco debe imaxinar como, durante moitos anos, o que máis desexaba no mundo era servir nesta casa. Porén, aí confúndese.

—É á visitadora, a señora Arenal, e a Paquita a quen se deben as grazas. É por amor a Paquita polo que teño conta de ti. Ela quereríao así se vivise. Contárame que che gustaría traballar aquí...

—É verdade. Soñaba coa cociña.

—Soñarías. Mais segundo Paquita debías ocuparte en algo mellor. Por exemplo, costura. Ela ensinárache a bordar...

—Teño aquí un mantel que empecei a bordar na prisión. Quere velo?

Hai apenas unhas horas estaba na prisión e agora fala dela como se fose unha estadía distante no tempo.

—Quero.

Pon os lentes de novo e Sisca tira o mantel do envurullo. Séntese obrigada a advertir:

—Son flores un pouco raras...

—Precioso. Lindísimas flores de toxo. Raras non, digamos que... singulares. Mais ser singular non é un defecto. Ao contrario, pode ser unha virtude.

Entra Catuxa co chocolate e uns bolos e a condesa dille que garde o mantel para que non se manche.

—Diciache de Paquita. Cría que debías estudar, porque tiñas moita curiosidade e aprendías decontado. E a señora Concepción Arenal pensa o mesmo. Gustaríalle estar aquí, falando contigo, mais tivo que viaxar ao internado de Carrión, onde ten un fillo estudando.

Está confundida. A visitadora falou con ela unha vez, unha soa. Dificilmente pode saber se aprende ou non.

—Que dis? A señora Concha díxome que che preguntara, nunha entrevista que tivestes, se quererías estudar e pareceulle que non che desgustaba a idea.

—Estudar... nunca o pensei. Gustaríame, si, mais non creo que sexa posible. Terei que traballar para gañar a vida.

—Mais é posible facer unha cousa e a outra. De todos modos, teño algo que dicirche. Paquita traballou nesta casa trinta anos e aforrou case todo o que gañaba, aquí pouco gastaba; unicamente o que enviaba á familia. Ao morrer deixouche unha manda de cincocentos reais.

É unha cantidade que non dá abarcado co pensamento.

—Cincocentos reais… Por que a min?

—Porque te quería. Preocupábaballe o que sería de ti ao saíres. Era unha persoa moi especial. Desde que morreu matinei máis dunha vez en que debín axudala a estudar máis. Levaba a miña correspondencia, termaba da miña vida en tantas formas que non sei como…

Interrómpese coa emoción.

—Sabía que eu estaba…?

—Sabíao. Díxenllo porque preguntaba se viñas, se podía verte.

Sisca ten a vista anubrada e parécelle que ela tamén.

—Deixouche tamén outra cousa. Trae, fai favor, a bolsa azul que está sobre aquela mesa.

Dentro, os zapatos verdes de veludo.

—Para teres unha lembranza dela, sabía que che gustaban.

—Agora máis, por seren dela. Gústanme porque son distintos.

—Son singulares, como as túas flores de toxo… como era Paquita.

—Eu queríalle moito.

—Seino… Volvendo ao de estudar, a señora Concha e mais eu pensamos que talvez fose unha boa idea estudares para mestra. Seica o ano que vén abrirán unha Escola Normal de Mestras na Coruña. Que che parece a idea? Julia de Cortón di que tiñas moito xeito en axudar as que estaban aprendendo a ler.

—Antes tería que estudar. Non fun á escola...

—Certo. Mais temos un ano por diante. Pódese facer un plan para estudares. Debemos pensar tamén en conseguir un certificado de boa conduta dun sacerdote, será necesario para ingresares na Normal. Mentres, podes axudarme na escola que vou organizar para as mulleres aprenderen a ler, parecida á nocturna para obreiros. Non vai ser fácil, eles veñen ao saír do traballo, mais para as mulleres o traballo non acaba nunca.

—Sabía o da escola das noites, porque...

Interrómpese. Non quere falar de Xacobe, aínda doe.

—Saberás que as mestras gañan moito menos que os mestres, só unha terceira parte do deles... Talvez poderías gañar máis coa costura, non ao principio, mais se chegas a ter o teu obradoiro. En todo caso, estudar nunca está de máis, non cres?

Na cama, a que foi de Paquita, dá voltas como un reducio. Ten tantas cousas na cabeza que non lle dan refixeira a concentrarse en camiñar á beira do río, prender o sono. Paquita, estudar, Fefa, os zapatos de veludo. Se a Visitadora e a señora Juana confían nela, cren que pode ser mestra, poderá. Paquita quereríao. Mais non é posible estudar e ir xunta Fefa e non sabe que escoller. Será estudar unha traizón a Fefa? E como contarlle á señora Juana María o de Fefa, cando todos cren que é unha criminal?

VEDOIRA

Será que todos os seus proxectos van dar en fracaso? Concha volve de Carrión co ánimo baixo e as xaquecas a galope. Aínda que as notas de Ramón melloraran no internado, nesta visita comunicoulle que non está interesado en seguir estudos na universidade: o que pretende é iniciar a carreira militar, ingresando o ano que vén na Academia da Arma de Cabalaría. Non é o camiño que ela querería para el, aínda que recoñece ser, ao menos, un camiño.

O mundo dista moito de estar ben organizado; ela non puido estudar de forma plena na universidade por ser muller, mentres ao seu fillo, para o que non hai atrancos, lle falta interese no académico. Francisca, que tantas aptitudes intelectuais mostra, talvez non consiga estudar, sexa por carencias económicas, sexa por conformarse ás tradicións e rutinas que ditan camiños inapelables para unha muller de dezaoito anos: casar canto antes para evitar o risco de se converter en solteirona. E logo de casar, ter os fillos por único horizonte. Pouco ou ningún sitio hai para perseguir o desenvolvemento propio, os estudos. Incluso Emilia, tendo condicións de partida infinitamente máis favorables en situación financeira e apoio da nai e, o que resulta pouco usual, do pai, estará limitada por eses xustillos sociais, mais sufocantes que os de aceiro ou baleas e tan contrarios á presenza pública das mulleres que conformaron un único significado de prostituta para "muller pública".

Segue con atención as mulleres de letras doutros países que se rebelan contra os atrancos sociais. Mary Ann Evans, da súa idade, que asina George Eliot as súas novelas, vive da escrita, viaxa polo mundo. Desexa ler *O muíño no Floss*, a historia dunha rapaza que ve frustrados os seus intentos por estudar, encargou a tradución ao francés ao non habela en español. Porén, Evans leva unha vida disoluta, seica vive desde hai anos cun home casado. Disoluta é tamén a vida de Aurore Dupin, dunha idade con Juana María, baixo o nome de George Sand, é a autora máis célebre de Francia. Casada primeiro, separada despois, mantendo relacións con distintos homes; co músico Chopin permaneceu en Mallorca durante un ano, estadía narrada nun libro que Concha leu e sobre o que ten sentimentos encontrados. Non pode menos que simpatizar coas súas queixas pola actitude dos labregos cara a unha muller que se move libremente. Por outra banda, son irritantes os estereotipos da autora, ou autor, pois neste relato autobiográfico usa o masculino, sobre os mallorquinos en particular e sobre os españois en xeral, representados como uns bárbaros.

George Sand adoptou unha vestimenta moi semellante a que ela usaría, anos máis tarde, para asistir ás aulas na universidade e aos faladoiros do café Iris, pantalón, chaqueta, o pano de seda chamado en francés *lavallière* anoado ao colo, chistera. Por descontado que ninguén as confundía con homes, nin á francesa nin a ela. Sand pretendía acceder a lugares vedados para as mulleres, cafés, o foxo do teatro, certas bibliotecas. Concha comezou a usar pantalóns para andar polo monte en Armaño, por ser máis cómodos e máis acaídos para esas camiñadas que as saias e enaugas.

Desacóugaa que tanto Eliot como Sand, mulleres de gran proxección pública, correspondan, en certa medida, ao significado de muller pública do que ela tanto abomina. Desgústaa tamén que escriban baixo un nome de varón. Entende por que o fan, é o caso de Cecilia Böhl de Faber, Fernán Caballero nas súas novelas. Por certo, *A gaivota* resultoulle insoportablemente aburrida. Como lograrán as mulleres ter autoridade como escritoras, novelistas, poetas, ensaístas se non se atreven a usar o seu propio nome?

Porén, tampouco é quen de xulgar outras mulleres. Ela, á fin, ten que empuñar tanto a pluma como a agulla. Desenvolver as súas ideas nos libros e facer de nai, e en certa medida de pai, para os seus fillos. Depende deles, ou máis ben depende de Fernando. É posible que o ano que vén ou o seguinte deba trasladarse a Madrid para estar con el cando empece a Enxeñaría de Camiños, Canais e Portos. Precisa termar del, non pode vivir sen o seu apoio.

Talvez o seu destino sexa o de se afanar en causas perdidas. Tomou sobre si o papel de teimar nestes empeños difíciles, sen confianza en ver os resultados durante o prazo da súa vida, por ser necesario para convertelas en causas gañadas. A desaparición da pena capital, de nome tan impropio e, mentres chega, a eliminación dos arrepiantes espectáculos públicos que son as execucións. Escravitude, bárbara institución doutros séculos, da que aínda arrastramos os grillóns; cárceres concibidos como teatros de vinganza; corridas de touros…

Mudar as leis debe ser posible. Porén, talvez máis difícil, é mudar a forma en que a sociedade contempla hábitos sancionados pola tradición, atribuíndo carácter de natural, e mesmo sagrado, a todo o establecido, e decretando ser o novo *contra natura*, pecadento, perigoso para unha sociedade que teme ver minados os seus alicerces. Hai homes, e sen dúbida son maioría, que ven ameazados os seus privilexios. Lembra con certa amargura o comportamento dos estudantes nas aulas universitarias ás que asistiu. Por que será, non pode menos que preguntarse, que os homes gardan orde e compostura nos templos, nos teatros, e non nas clases cando asisten mulleres? Como é posible que os señoritos respecten as mulleres que van aos touros e falten dese modo ás que entran nas aulas? Civilizaranse algún día? Malia ser vedoira, non pode enxergalo. No entanto, seguirá teimando nas causas perdidas.

FEFA MÁNDAME VIR

—Ten o libro de *Cantares gallegos*?

—Teño —di a señora Juana María—. É o meu o que levou Julia á escola da Galera.

—Pódemo deixar? Quería ler "Campanas de Bastavales".

—Ven comigo á biblioteca.

Asómbraa que poida haber un cuarto, na primeira planta da casa, cheo de vitrinas que unicamente gardan libros. Cantos pode haber? Centos. Os mobles dunha madeira escura e brillante, chama a súa atención a cor da tapizaría de cadeiras e cortinas:

—Este veludo verde é da mesma cor…

—É a cor dos liberais —di ela sorrindo—. Sabes quen son?

—Non sei, non.

—É unha das cousas que aprenderás. Digamos que os liberais defenden a liberdade e están en contra da pena de morte, por exemplo. Os outros, os conservadores, son os que gobernan. Por liberais, por defender a Constitución, foi cesado o pai de Concha, o meu marido Francisco tivo que se exiliar, e eu con el. Aquí e noutros países, o seu sobriño Xavier Mina marchou a México para apoiar os que loitaban pola independencia e alá foi fusilado.

Ten tanto que aprender que non sabe por onde empezar. Mais se a señora Juana María é liberal e ser liberal é estar en contra da pena de morte, ela tamén. E a señora Julia leva ás veces un vestido verde...

—Daquela se levo uns zapatos verdes todos saberán que son liberal?

Escacha a rir. Ten un riso contaxioso.

—Non necesariamente. Algúns poden pensar iso, si. O certo é que eu os mercara pola cor, a Paquita gustáronlle tanto que llos regalei. Ti empezarás a ser liberal polos pés...

Dunha das vitrinas tira o libro, máis pequeno do que ela lembraba. *Cantares gallegos*. Por Rosalía Castro de Murguía.

—Rosalía Castro... tiña que estar escrito por unha muller, sabíao.

—Xa a coñecerás. Agora vive en Santiago de Compostela, mais cando está na Coruña vén ás veces ao faladoiro que temos nesta mesma biblioteca todas as noites. É nova... Non tanto coma ti, mais aínda non fixo trinta anos.

Dentro, na primeira páxina, ve escrito a lapis: 16 rs.

—Custa dezaseis reais? É posible? Meu pai nunca gañou iso ao día, nin sequera a metade.

—É caro, si. Ás veces poden custar máis ao imprimir poucos exemplares dun libro pequeno que unha tirada grande. Pero non o tes que comprar, podes lelo aquí... É o primeiro libro escrito en galego, sabes?

Comprar, tiña intención de compralo. Veremos, matina.

A señora Juana María vai collendo algúns libros máis, mirándoos, volvéndoos deixar no seu sitio.

—Teño que pensar en alguén que veña darche clases de gramática e aritmética. Mentres, como facía meu pai comigo, dareiche uns libros para leres e pedireiche que me escribas todos os días sobre o que máis chamou a túa atención. Aínda que aprendas gramática, o máis importante para escribires sen faltas é ler moito e empezar a escribir. A ver este, *La escuela del pueblo.*

Na vitrina hai nove libros iguais, dun tamaño parecido ao de Rosalía Castro pero máis grosos. O que pon nas súas mans ten, baixo o título, un longo subtítulo: *Páginas de enseñanza universal seguidas de una recopilación de las obras más selectas que se hayan escrito y escriban en todos los países para perfeccionar el entendimiento humano.* O autor é don Wenceslao Ayguals de Izco.

—Este é o volume dous, que ten os tomos dous e tres —di a señora Juana María—. Tes moito onde escoller, aritmética, xeografía, historia natural... Aritmética é mellor agardar que che dea clase alguén, e para a xeografía hai que ir vendo no mapa mural que teño para a escola nocturna. Mais podes empezar, se queres, polos estudos sobre a natureza, lense como unha novela. Paréceche? Ou le por onde ti queiras.

Ábreo por unha páxina e márcao cunha cinta.

—E por *Cantares gallegos*? Se o que máis me chama a atención é este, podo escribir sobre el?

—Podes, si, o que importa é comezar a escribir.

—Podo... podo preguntarlle unha cousa?

—Dime. Se cadra non sei responder.

Está angustiada. Necesita preguntarllo a alguén e non ten outra persoa, mais igual lle parece mal.

—Pode unha muller querer outra muller? Sei que sor Angustias diría que é un monstro... Pode?

—Pode —di ela—. Que sabe sor Angustias do querer? O amor non ten cancelas.

Achégase a Sisca, apértaa.

—Con todo, non lle preguntarás isto á señora Concha, de acordo?

No cuarto de Paquita, que agora é o seu, abre *La escuela del pueblo* pola páxina marcada:

"Inmensidad de la Naturaleza. Hace algunos años concebí el proyecto de escribir una historia general de la naturaleza... pero me sucedió lo que a aquel muchacho que abrió un hoyo en la arena con una concha para meter en él toda el agua del mar."

Ben está, mais de momento o que ansía ler é *Cantares gallegos*. Vai aprender de memoria este libro. Un dos primeiros poemas di:

Cantan os galos pr'o día,
Érguete, meu ben, e vaite
—Como m'ei d'ir queridiña
Como m'ei d'ir e deixarte

A dilixencia non vai directamente á Estrada desde A Coruña. Cómpre tomar primeiro a de Santiago, e en Santiago agardar un anaco e cambiar a outra para a Estrada. Saíu cedo e botou toda a mañá na viaxe. Hai ben de xente na feira. Un cego canta un crime en coplas e, máis alá, unha muller que non está cega le nunhas follas:

Adios ríos, adios fontes
Adios regatos pequenos,
Adios vista dos meus ollos
Non sei cando nos veremos.

Miña terra, miña terra

Terra donde m'eu criey,
Ortiña que quero tanto,
Figueiriñas que prantey.

Coñéceo de memoria, está no libro que leva nun pano atado. Aínda que a muller non le dun libro, como o vai ter, se custa dezaseis reais, é o mesmo poema. Arredor dela hai un mosqueiriño de xente. Mulleres que enxugan os ollos coa punta do mantón. Mais ela aínda ten que camiñar a Pontevea.

O colmado está cheo, uns mercando, outros bebendo unha fecha. Nun primeiro momento non enxerga a vella chosca. Logo, nuns minutiños, sae da parte de dentro. Achégase, buscando un momento en que estea soa.

—Señora Maruxa? Fefa mándame vir.

—Ai si? Dis que queres comer? Senta alí, sírvoche uns callos.

Senta nun tallo, a señora Maruxa tráelle un prato acugulado que non dará comido.

Virá Fefa?, pregúntase. Canto tardará?

Un mozo feito da cerna, con barbas e cabelo rizo, e un zurrón ao ombro, está plantado diante dela.

—Imos, logo?

—Que lle debo? —pregúntalle á señora Maruxa.

Mais ela fai un aceno coa man, vai, vai.

Non hai cabalo ningún. El mira para os seus pés e parece aprobar os zocos. Camiñan un tempo pola estrada, collen despois unhas corredoiras e finalmente hai que subir monte a través.

—Coidado cos toxos —di este home silencioso—. Por aquí son tan altos coma min.

É guapo, ao seu modo. Poucas veces pasou por un lugar con toxos e silvas tan mestos. El tirou un machete do zurrón, vai abrindo camiño. Con todo, as silvas enguedéllanse nos seus pés, leva algunha que outra rabuñadela.

De socate, chegados a un punto que non sabe como puido recoñecer, a ela todo o mato parécelle igual, o mozo pon os dedos na boca e asubía. Responde outro asubío. Entre xestas e uces, a entrada dunha cova. Fefa, vestida como un home, ábrelle os brazos.

—Como estás? Deixa que te mire...

—Fefa...

—Sisca, Sisca... Ves como non habías tardar moito en saír? Levaba eu razón ou non?

—Levabas... E ti como estás?

—Libre. Vivindo fóra da lei, mais libre.

—Sabes? Veño, mais non sei se vou ficar.

—Imaxinábao. Esta vida é moi dura, mais eu non teño outra.

—Queren que estude para mestra, a señora Juana María e mais a visitadora. E Paquita, teño que contarche quen foi Paquita, a que me ensinou a ler... Mais eu non quería traizoarte.

Pepa, Fefa, cóllea das mans.

—Non é traizón, Sisca! É imposible tomar dous camiños ao mesmo tempo.

—Non sei que facer... Mira, tróuxenche isto.

Desanoa o pano, tira o mantel dos toxos.

—É un mantel que fixen pensando en ti. Non puiden acabalo...

—Que lindo! Mais se non ficas, será mellor o levares de volta. Aquí non hai mesa ningunha. Non lle daría uso.

—Non fai falta mesa. Podemos poñelo no chan para comermos.

—Ven, dáme un bico. Nunca vin un mantel como este... Feito para min.

—E o cabalo?

—Aínda teño que mercar un na feira... ou roubalo. Mais non hei tardar moito.

—Pensei que o teu cabalo comería gromos de toxo e por iso...

Non sabe por que o di. Séntese atordada. Decátase de que está chorando.

—Sisca, non chores. Se ficas aquí, non poderás ser mestra. Esta non é vida para unha moza coma ti. Serás unha boa mestra, seino.

—E para unha moza coma ti, Fefa?

—Non teño outro camiño, mais non estou triste. Son libre. Grazas por vires, Sisca. Polo menos, encontrámonos unha vez fóra da Galera.

—Nunca poderei esquecerte, Fefa. Levareite sempre moi dentro.

—Eu tamén, queridiña.

—Tróuxenche isto.

Téndelle *Cantares gallegos.*

—Seguro que non o queres levar? Eu hoxe estou aquí, mañá alá.

—É para ti. Eu xa non o preciso, seino de memoria.

—Pensarei en ti cando o lea.

—Escoita... se algún día queres buscarme, vai á casa da señora Juana María de Vega, na rúa Real, elas saberán onde encontrarme. Dirás: Preguntádelle a Sisca onde cantan os galos pr'o día.

—Onde cantan os galos pr'o día. Lembrareino.

—Agora, fai favor, le para min "Campanas de Bastavales".

DOCUMENTO APÓCRIFO.
CONTRATO DAS MESTRAS

Acordo entre a señorita ...., mestra, e o Consello de Educación de................., en virtude do cal a señorita acorda impartir clases durante un período de oito meses, a partir do .... de .... de 1923. O Consello de Educación acorda pagar á señorita a cantidade de 75 pesetas mensuais.

A señorita acorda:

1. Non casar. Este contrato queda automaticamente anulado e sen efecto se a mestra casa.
2. Non andar en compaña de homes.
3. Estar na súa casa entre as 8:00 da tarde e as 6:00 da mañá, a menos que sexa para atender función escolar.
4. Non pasear por cafés ou xeadarías do centro da vila.
5. Non saír da vila baixo ningún concepto sen permiso do Presidente do Consello de Delegados.
6. Non fumar. Este contrato quedará automaticamente anulado e sen efecto se se encontrase a mestra fumando.
7. Non beber cervexa nin viño nin augardente. Este contrato quedará automaticamente anulado e sen efecto se se encontrase a mestra bebendo cervexa, viño ou augardente.

8. Non viaxar en coche con ningún home, excepto o seu irmán ou o seu pai.
9. Non vestir roupas de cores brillantes.
10. Non tinxir o cabelo.
11. Usar polo menos dúas enaguas.
12. Non usar vestidos que queden a máis de cinco centímetros por riba do tornecelo.
13. Manter limpa a aula:
    a. Varrer o chan polo menos unha vez ao día.
    b. Fregar o chan da aula polo menos unha vez por semana con auga quente.
    c. Limpar o encerado polo menos unha vez ao día.
    d. Prender o lume ás 7:00, de modo que o cuarto estea quente ás 8:00 cando cheguen os nenos.
14. Non usar pos faciais, non maquillarse nin pintar os beizos.

EPÍLOGO
UNHA CARTA

Carta entregada na casa da Rúa Real, cunha nota escrita á lapis:

"Sisca: Veume buscar Xacobe, hai unha semana. Levoulle todo este tempo localizarme... Que che dixese que el cre en ti, sabe que non fixeches nada malo. Deume esta carta que tiña escrita e non sabía como facer para que a recibises. A túa irmá. Nola."

Querida Sisca:

Confío en que ao recibo da presente te encontres ben, dentro da situación dese lugar. Eu estou ben a Deus grazas.

Tes que desculpar, porque esta é a primeira carta que escribo e, aínda que na escola da señora Juana María aprendemos a escribilas, espero non dicir nada inconveniente.

Sisca dos meus ollos, canto chorei o día que te levaron! Nese momento decateime do moito que te quero e arrepentinme porque non cho dixera nunca. Por iso escribo esta, para dicircho: Sisca quérote. Quérote con toda a alma. Creo en ti, sei que es inocente. O único que fixeches foi axudar a túa nai: quen non faría iso?

Contaríanche, talvez, que ás veces paseei con outra rapaza, Carmela. Ela viña buscarme e era difícil darlle unha negativa.

Porén, hai uns días díxenllo. Que non se enganase, eu esperarei por ti o tempo que faga falta.

Conto cada día que pasa, é un día menos sen ti. Ao saíres, iremos xuntos coller herba de namorar.

Saberás que xa son aprendiz de tipógrafo. Estou aforrando todo canto podo para o día que saias.

Cóidate moito e recibe todo o cariño do teu

Xacobe

AGRADECEMENTOS

Habitan as páxinas deste libro personaxes creados pola imaxinación, como Sisca. Porén a súa desventura foi real, ocorreu na Coruña en 1953, case cen anos despois do tempo da novela. Debo a Soledad López Facal que me falase por vez primeira da traxedia de Mercedes Fernández Tuero, que sufriu a sorte atribuída na novela a Encarna; e debo a Laura Losada Gómez, neta de Mercedes, que compartise comigo a historia da súa avoa e da filla que a acompañaba, Mercedes Losada Fernández, daquela unha nena de dez anos, a quen está dedicada a novela.

Poboan tamén este espazo personaxes reais dos que me apropiei. As cartas de Concepción Arenal, excepto a primeira do capítulo 2, recreada, son da súa man, como os textos traducidos das *Cartas a los delincuentes* e doutros escritos. Debo informacións valiosas ás biografías de María Campo Alange e Anna Caballé e ás cartas a Jesús de Monasterio, editadas pola súa filla Antonia. Sobre a vida na prisión da Galera, da que non hai memoria escrita e que logo de desaparecer unhas décadas despois do tempo da novela se sumiu na desmemoria, localicei uns documentos inéditos, as Memorias da Sociedade da Madalena, grazas á axuda de Carmen Martínez, da Biblioteca Franciscana de Santiago de Compostela. O Regulamento da Casa de Corrección ao final da parte I, está tomado do artigo de Mariola Fernández Cucala (2000), en *Historia Contemporánea* 21. De poucos personaxes históricos chegaron a nós narracións da súa propia man tan emocionantes como as *Memorias íntimas* de Juana de Vega, documentando a súa aventureira vida. Agradezo a Xosé Ramón Veiga que compartise comigo a súa sabedoría sobre ela e sobre a filla natural de Concha Ponte, o que descubriu recentemente; e a Encarna Otero, informacións sobre as lavandeiras da Coruña no século XIX. Da vida de Pepa a Loba hai máis lendas que documentos, mais a novela de Aurelio Miras Azor, *Juventud de Pepa Loba*, constitúe, seica, unha das fontes máis fiables. Para a construción das regueifas foi de grande axuda o *Cantigueiro Popular da Limia baixa* de Xoaquín Lorenzo, consultado na biblioteca do médico Juan López de Toba.

Agradezo a María López Sández, Eva Mejuto e Goretti Sanmartín a lectura dos borradores da novela, e as suxestións que contribuíron a mellorala. A Emilia Pardo Bazán, quen escribiu "Casi artista", que se recrea no coro das malas mulleres do capítulo 21. A Eduardo Pondal, de quen roubei versos. E a Rosalía de Castro, que tan fielmente retratou a vida e penas das galegas en poemas que as mulleres —e non só as mulleres— fixeron seus.

Na casa do médico de Toba, a aldea onde me fixen galega, vivía unha muller nacida en 1926, Oliva Trillo, que, malia ler e escribir con dificultade, recitaba de memoria poemas de Rosalía como os versos "Este vaise, e aquel vaise" de "Prá á Habana". Uns din que os aprendeu na feira de Senande, outros que llos ensinou o mestre republicano da escola de Toba, Ángel Caamaño Villaverde, asasinado polos golpistas en 1937. Quen sabe onde os aprendeu, mais recitar de cor, recitábaos.

ÍNDICE

Old Money Aesthetic wardrobe

fashion & finesse:

how to creat…

aesthe…

by Lady Henrietta Jones-Hunter

Creating a wardrobe marked by elegance,
poise, timeless beauty & sustainability

contents

The allure of Old Money fashion

Heritage, and effortless ease are hall marks of the old money aesthetic. There is something deeply reassuring about it that conveys a sense of stability, exclusivity, and yes, let's admit it: A source of inner confidence.

Step into a world where wardrobes are carefully curated, tailoring is practically a birthright, and no one is quite sure how old the pearls are—only that they used to belong to grandmama. Prepare to Meet Margaret, who wouldn't be caught dead in logos (or leggings). Charlotte, whose vintage Kelly bag is now like a family heirloom. Elisabeth Kensington, who believes good tailoring can solve almost any challenge life may throw upon us. And of course, Lady Beatrice, ever ready to remind us what to wear at the garden party.

Creating a beautiful personalised wardrobe is a matter of the utmost importance. It requires time, a financial outlay, but it can also be fun and lift our mood. Solid scientific evidence can tell us what we probably already know: Dressing well can make one feel better! (*sources included in reference section*) What we wear can affect our attitudes, behaviours, and how we perceive ourselves. Wearing attractive and appropriate outfits can enhance self-confidence and self-esteem. This is partly because looking good often leads to receiving positive feedback from others, which reinforces positive

self-perception. Dressing well can evoke euphoria and improve mood. Clothes that are comfortable and make an individual feel beautiful can increase feelings of happiness and reduce feelings of anxiety. In simple terms: How we dress can also influence how others perceive and interact with us.

Old money understands that the right outfit can open doors and windows of opportunity - the wrong outfit will have the same doors slammed in our face. 'Old Money' also understands that the right outfit is not the most expensive jacket, or the most fashionable bag. Not at all - the right outfit is a subtle art.

The fantasy

What most people perceive as 'old money' fashion is primarily a fantasy created by Ralph Lauren in the 1980's. Exquisitely packaged and sold through some clever and meticulously created advertising.

Ralph Lauren, (whose real name was Ralph Lifshitz) was born in 1939 in the Bronx, New York in what can be described as rather modest circumstances. Definitely, not old money and nothing like the opulence he would later come to symbolise! Whilst working as a sales assistant for Brooks Brothers, young Ralph noticed a gap in the market for stylish, high-quality men's accessories: Something with panache as well as an edge. In 1967, he designed and launched a flamboyant range of colourful silk ties under the brand name "Polo." This small 'fantasy' accessory was not at all fashionable at the time, but somehow it became a timeless must have

in well-to-do aspirational circles. It provided the seed of what was to become the hugely successful lifestyle brand, that we know today.

Ralph Lauren's true genius lay in his ability to create a story around an idealised lifestyle rather than just sell a collection of clothes. He created a strong brand before everyone else caught on to it. He drew some of his inspiration from the elite world of American and European aristocracy, blending elements of Ivy League preppy style and English country living, adding spice with equestrian influences. This amalgamation became the embodiment of an idealised, broadly imaginary, 'old money' aesthetic.

Even so clothes '*maketh*' the man (or woman) as they say! There are many wonderful characteristics of this 'old money' wardrobe, which are in fact real and we can adopt as our own, elevating our daily dressing ritual into one of personal delight. This little guide is kept short, read it once and then go over and read again, with a pencil in hand to pick the things that will be of the most use to you, for that effortlessly polished 'just stepped out of the country house' look.

Old Money Wardrobe

Lets start with the juicy details and take a quick peak into this OMA wardrobe...

The idealised 'old money aesthetic' closet is a walk-in wardrobe in a glossy, luxurious wood finish. Softly glowing lamps provide a warm ambiance, while cleverly concealed lights ensure it is well-lit. The faint scent of cedar wood, lavender, and rosemary fills the air, keeping moths at bay.

A row of freshly laundered linen and cotton shirts hangs next to perfectly pressed pants on identical, glossy wooden hangers. Nearby, cashmere jumpers are loosely folded and separated with acid-free tissue. For the ladies, satin silk blouses with pussy bow necklines and delicate pearl buttons add a touch of elegance. A couple of tweed suits are present—wait—could one of them be Chanel? OK perhaps not, I can't see the logo, but the quality is definitely there.

Stacks of clean t-shirts, denim, drawers full of underwear, with a few mismatched socks (we are all human after all), add day to day practicality to the space. Out-of-season clothes are stored in a couple of old leather trunks, while outerwear and shoes are kept in a separate closet. Chic evening gowns in protective covers tucked away at the back, rarely worn but brought out for Christmas or formal invitations to the palace.

In the far corner stands a vintage dresser dedicated to sportswear, yoga gear, tennis clothes, and jodhpurs. The drawers are neatly labeled, (though perhaps, a bit

disorganised inside,) Anyway, the labels exude old money glamour and make it easy to find everything.

A full-length triptych mirror with adjustable angles enhances the ritual of dressing, minimising the potential for fashion 'faux pas'. In front of the mirror is a small, upholstered cocktail chair, perfect for contemplating the accessories section. A small collection of scarves, three to four daily handbags neatly lined up, and some lovely necklaces in a box sit on the dressing table.

This wardrobe is designed for ease and function, not for filming YouTube or Instagram likes. The old money woman spends more time enjoying her clothes and less time shopping for them. Nothing excessive, not too much, but definitely enough. Perfect outfits for every occasion, including the most mundane every day ones.

Yes but - what are the actual clothes you may ask? Well - everyone is different and the contents will vary depending on lifestyle, location and even age. Certain characteristics will be universal, sharing the same core 'Old Money' fashion principles.

Core principles for the old money wardrobe:

1. Suitability & Heritage

2. Elegance & Frugality

3. Quality material

4. Timeless & classic styles

These core principles can be adapted and distilled so we can take what's good about them and include in our own closet.

Suitability & Heritage

It has been said that 'There is no such thing as bad weather - only the wrong clothes'. The 'Old Money' closet has an outfit for every occasion. The right outfit! OM doesn't try to appear cool by being too casual (so disrespectful!) and they never look uncomfortably (over) dressed-up. Their wardrobe contains outfits for different events and for daily life. Smart wedding guest outfit, respectful mourning/funeral clothes, a chic cocktail dress, casual (yet well fitting) suits, a beautifully cut, warm coat, a tailored trench for in-between weather and sports clothes. Sports clothes are used only for actual sport. (Except trainers, but more of that later.) Despite what Ralph Lauren adverts show, OM does not turn up for lunch dressed in full on riding gear. A casual lunch in a country pub requires a different ensemble to drinks at Buckingham palace. Obvious you'd think, but so many people get it so very wrong.
OM outfits are steeped in tradition with a clear idea of what to wear, when to wear it and how (not) to flaunt it.

Let's look at three scenarios where the OMA fashion choices can shine.

Wedding guest

A knee-length silk dress in a classic colour such as navy, champagne, or soft pastels would be ideal, paired with a tailored blazer or a coordinated shawl for warmth. Jewellery may be an inherited string of pearls or some understated diamond earrings. Adding a pair of nude

or metallic kitten heels creates an ensemble that is both graceful and refined.

Handbags are small and logo free. A neat little clutch in a matching silk fabric. (*These are usually custom made, see resources later on*) A hat or fascinator, if the wedding is formal, completes the look, ensuring she stands out for her impeccable taste without overshadowing the bride. An elegant ensemble that speaks to sophistication and subtle luxury.

Lunch at the Club

For a lunch at the golf club, the 'old money' aesthetic favours an ensemble that is above all comfortable. A crisp white button-down blouse paired with tailored khaki trousers or a pleated midi skirt offers a polished but, oh so relaxed look. That certain **je ne sais quoi...**

Adding a lightweight cashmere sweater draped over the shoulders and leather loafers or low-heeled pumps ensures both comfort and style. Accessories are kept very minimal with a simple leather belt, a wristwatch, and small gold studs, while a structured tote bag carries her essentials. This outfit exudes an effortless elegance, perfect for a casual yet sophisticated setting.

Charity dinner

Attending a charity event calls for an outfit that combines elegance with a touch of formality. A custom-fitted, tailored dress in a luxurious fabric such as wool or silk, in classic colours like deep green, burgundy, or black, would be ideal. Ensuring the dress has a matching blazer or a cashmere wrap enhances the look, as well as weatherproof it! This a place where some

beautiful jewellery can literally shine! A chunky necklace from boodles, diamond or pearl studs, exudes glamour. This may be a rare occasion where high heels are still a suitable choice - usually the longer the dress the higher the heels. A gold minaudière or a tiny velvet clutch bag, may complete the outfit. Aiming to strike the perfect balance between making a statement and showing respect for the event's cause, embodying the 'old money' ethos of understated sophistication

It is noted that the outfits above are logo free. Logos are like a signature - the way designers sign their work. They are not there to be displayed. In fact old couture dresses used to have their labels removed so as not to interfere with the elegant line of the outfit. The idea that one displays the label - would have been preposterous.
The OM handbags are beautifully constructed but plain with minimal hardware, the dresses could be many seasons old and the shoes are classic.

Elegance & frugality

OMA wardrobes choose quiet elegance rather than overt display - every time. They choose not to draw too much attention to themselves with garishly bright colours, instead opting for soft shades of grey, tan, cream and perhaps navy or black. Their exquisitely tailored suits, come in dark shades to ensure longevity, at those sort of prices, so they should! If they absolutely love a bight colour, like for example chartreuse or cerise, they will not dress top to toe in it, but perhaps add a

thoughtfully chosen accessory. Leather gloves, a silk scarf, some statement earrings or perhaps shoes. Definitely NOT all of the above. That would be considered 'heavy handed colour matching' 'trop and is simply not done darling!

Fashion choices are often led by practicality and frugality. Comfort is non negotiable, therefore details like silk linings and secret pockets are included in the tailoring. They buy expensive items, with a view to longevity. "I can still wear this coat in 10 years time" often more. In fact original Chanel suits used to be made in such a way, that they could be altered a couple of sizes up or down. (That is no longer the case sadly). So if your weight fluctuated a little - you adjusted the suit! It was most definitely a frugal purchase to wear for many years, not a single season wonder. This is the exact opposite of today's (so called democratic) fast fashion - where we are encouraged to buy something new (and ill fitting!) every month, or every week even. The OMA wardrobe is in fact frugal and makes sustainable choices, shunning fast fashion, logo bling and the latest 'it' handbag. They do not waste money on short lived trends, choosing to opt for simplicity, quality and longevity. Yes - it does mean the initial cost may be higher - but lets factor in cost per wear.

A prime example of excellent cost per wear Let's look at an Hermes bag, bought by our fictional 'Old Money' girl, Charlotte Montclair in 1979.

A Timeless Investment: The Story of a Hermès Kelly

In 1979, a 25-year-old Charlotte Montclair made a purchase that would define her style for decades to come. Fresh out of university and starting her career in publishing, Charlotte decided to treat herself to a symbol of success and timeless elegance: an Hermès Kelly bag. At the time, the $1,300 price tag was a considerable investment, but Charlotte was convinced that this was more than just a handbag; it was an heirloom in the making.

Forty years later, the Hermès Kelly has proven to be a fantastic purchase with an exceptional cost per wear. From board meetings to cocktail parties, this iconic bag has been Charlotte's steadfast companion, seamlessly transitioning from one role in her life to another. Its classic design and impeccable craftsmanship have stood the test of time, effortlessly complementing the evolving trends and Charlotte's changing wardrobe.

1980s: A Statement of Success

In the fast-paced world of 1980s New York, the Kelly bag became a symbol of Charlotte's growing success. Paired with power suits and pencil skirts, the bag accompanied her to countless meetings and business lunches, silently announcing her arrival with an air of sophistication. The luxuriously, structured silhouette made it the perfect accessory for the ambitious young professional.

1990s: A Versatile Companion

As Charlotte transitioned into a more senior role, her style evolved, and so did the occasions for which she reached for her Kelly. In the 1990s, the bag saw her through casual dinners, charity tea parties, and weekend getaways. Its versatility allowed it to be both a practical and chic accessory, whether she was dressed in minimalist Calvin Klein or bold Versace prints.

2000s: A Heritage Piece

The turn of the millennium saw Charlotte embrace her role as a mentor and leader in the industry. The Kelly bag, now a seasoned veteran of her wardrobe, carried the weight of years with grace. It became a conversation piece, admired by younger colleagues and fashion enthusiasts who appreciated its history and timeless appeal. The bag's patina and gentle wear added to its character, making it clear that this was a piece with a story. Let us not forget that Hermès stands by its products, so Charlotte sends the bag back to the Hermès atelier, for a total refurbishment. The bag comes back looking new! That's quality for you!

2010s: A Family Heirloom

In the 2010s, Charlotte's Kelly bag took on a new role as a cherished family heirloom. She began to share its history with her niece, explaining the value of investing in timeless pieces. The bag, still as stylish as ever, was loaned for special occasions, allowing the next generation to experience its elegance and enduring quality. Charlotte is now retired, but she still enjoys her kelly bag accessorising her casual denim and chic off

duty clothes. In fact she confesses that she has no intention of replacing her old kelly bag any time soon.

Today: An Iconic Legacy

Today, Charlotte's Hermès Kelly bag is a testament to the enduring power of timeless fashion. The 'cost per wear'has proven to be an extraordinary value. What started as a splurge has become a legacy, a piece that connects generations and continues to turn heads. The Hermès Kelly, much like Charlotte herself, has aged gracefully, proving that true style is eternal. It is not just an accessory but a narrative, a little bit of history woven into the fabric of Charlotte's life. This bag, with its impeccable design and unparalleled quality, exemplifies the notion that investing in timeless fashion pays dividends far beyond the initial purchase.

Hypothetically speaking: If Charlotte bought the Hermès Kelly bag in 1979 when she was 25 years old, and she is still wearing it in 2024, she would now be 70 years old.

Cost Per Wear Calculation

Total years of use: 2024 - 1979 = 45 years
Total weeks of use: 45 years * 52 weeks/year = 2,340 weeks
Average uses per week: 3 times
Total wears: 2,340 weeks * 3 = 7,020 wears
Initial cost of the bag in 1979: $1,300
Cost per wear: $ 0.19

So, the adjusted cost per wear for Charlotte's Hermès Kelly bag is approximately $0.19. This demonstrates how a high-quality, timeless piece can offer incredible value over the years.

Of course this is merely a demonstration and possibly an exaggerated one at that - not everything would need to be of such high quality and longevity. Nonetheless quality is an essential element in the creation of an'Old Money' closet.

Defining quality

Most people would agree that old money fashion is about quality with a sense timelessness. The truth is quality has become an abstract concept and cheap fast fashion has flooded the market, blurring our perception of what is acceptable quality.

‘noble fabrics’

As a starting point old money wardrobe contains mostly ‘noble fabrics’. That’s wool, cashmere, alpaca, linen, hemp, silk and cotton. These ‘noble’ fabrics tend to age more gracefully, and are divine to wear. A pure silk top may look superficially similar to the 100% polyester one. Except that the silk version will keep you fresh and comfortable while the polyester will make you hot and sweaty. The cashmere sweater will keep you warm and cosy - the acrylic one will not.

Good cut

Recognising good cut is even harder than choosing ’noble fabrics’. There is a lot of trial and error. As a general point, a well fitting item of clothing is made from many pieces - while a cheaper one is usually cut for economy. A bias cut skirt for example, uses more fabric than its cheaper counterparts but it tends to flow more gracefully, looking more elegant. A traditional Chanel jacket is made by assembling 20-25 separate pieces of material (without taking into account the silk lining & interlining) plus weighted chain on the hem, luxury buttons and trims. A Chanel *‘style’* jacket by a fast

fashion brand will usually be constructed using only 4-5 separate pieces. It is easier to assemble, superficially similar, but will never fit as well as the real thing.

Finish & construction

Silk linings, French seams, blind hems and consistent pattern matching are rarely seen. In fact do we even know what a blind hem is nowadays? However, it is well worth paying a little extra to add those well finished, high quality items in your 'old money' style wardrobe.

Reference sheet to define quality

Assessing the quality of clothing, is a typical OM shopping habit. The lining, seams, and stitching are key indicators. They are not, by any means, the only indicators - but a good place to start.

1. Lining

Fabric Quality: High-quality garments often use natural fibres like silk, cotton, or viscose for linings. These materials are breathable and comfortable.

Construction: The lining should be smoothly attached, without puckering or pulling, and should match the contours of the garment perfectly.

Coverage: In well-made garments, the lining often extends fully throughout the piece (e.g., in jackets and skirts), rather than being partial or absent.

2. Seams

Consistency: Seams should be even and straight, without puckers or crooked lines. Consistent seam allowances (the fabric between the seam and the edge) are also a sign of quality.

Reinforcement: High-stress areas (like the crotch, underarms, and pockets) should have reinforced stitching or extra fabric (e.g., bar tacks or double stitching) to prevent tearing.

Finishing: Look for well-finished seams, such as French seams, flat-felled seams, or bound seams. These methods encase raw edges, preventing fraying and extending the garment's life.

3. Stitching

Stitch Length and Density: High-quality garments have smaller, tighter stitches (e.g., 8-12 stitches per inch). This ensures durability as well as a more chic and neat appearance.

Backstitching: At the beginning and end of a seam, backstitching should be used to secure the threads. This prevents the seam from unraveling.

Thread Quality: The thread should be strong and matched (or at least coordinated) to the garment's colour. Poor-quality thread will break more easily and deteriorate faster.

Additional Considerations

Pattern Matching: In high-quality garments, patterns (like stripes or plaids) should align at seams and edges. This shows attention to detail and exhibits skill.

Hems: Hems should be even and securely stitched. A blind hem stitch to keep them invisible from the outside, is most desirable and will look the best. An allowance to shorten or lengthen is also an excellent sign of quality.

Buttonholes and Zippers: Buttonholes should be neatly finished without loose threads. Zippers should glide smoothly and be securely attached, often with a covering flap for a polished look.

By examining these details, one may better judge the quality of a garment to make more informed purchasing decisions.

Timeless & classic styles

There is a fine line between classic and frumpy—nobody wants to cross that. The OM wardrobe contains many classic elements: Plain cashmere sweaters in solid colours, well tailored jackets, and simple shirts. Generally, it avoids exaggerated details like oversized lapels, extreme shapes, and clothes that are too baggy or skin-tight. This ensures longevity in design, making an item a 'classic.'

You know when you look at old photos wearing the latest fashion and cannot stop laughing at the absurdity? That's the effect of exaggerated details, the opposite ion classic. In fact the very best clothes have complex construction but look deceptively simple.

Examples of details that date an item of clothing

Exaggerated Large Lapels: Often seen in suits and jackets from the 1970s, these can make an item look outdated.

Shoulder Pads: Popular in the 1980s, especially in women's blazers and dresses, these can make garments look vintage rather than timeless.

Ultra Low-Rise Jeans: A hallmark of early 2000s fashion, these can make pants look dated (compared to

the current preference for high-rise styles, ultra high rise is likely to be also a passing trend)

Puffy Sleeves: While they have made occasional comebacks, certain styles of puffy sleeves can be very specific to certain eras, such as the 1980s.

Embellished Denim: Rhinestones, embroidery, and heavy embellishments on jeans were popular in the early 2000s but are now considered passé. The only exception would be with something exceptionally well made, handmade embroidery - that sort of thing. Quality never goes out of style.

Peplum Tops: While they had a resurgence in the 2010s, peplum tops and dresses can quickly look outdated as trends move on.

Bell-Bottoms and Flared Pants: Although they come back into style periodically, they are very much associated with the 1970s.

Logomania: Over-the-top branding, which was especially popular in the 1990s and early 2000s. More understated branding is currently in vogue, even better no branding at all.

Cargo Pants: Particularly those from the late 1990s and early 2000s, with multiple pockets and a baggy fit, can look *quelle horreur* !

Too many zips/fastenings

Too short skirts or dresses

Body con dresses (very 1990's)

Stone washed denim

Certain colours can have shorter shelf lives -such as very bright blues/fuchsia pinks, lime greens... proceed with caution.

Examples of details that give an item of clothing timeless appeal

Classic Patterns: Patterns like houndstooth, pinstripes, and checks have a long history in fashion and continue to be seen as stylish elegant and timeless.
Neutral Colours: Classic pieces often come in neutral colours like black, white, navy, beige, bottle green, burgundy and gray. Versatile, easy to mix and match.
Quality Fabric: Classic pieces made from high-quality materials like cashmere, alpaca, wool, and high-grade cotton. These fabrics wear well over time and also have a luxurious look and feel. Quality is never out of fashion.
Tailored Fit: Clothing with a well-tailored fit, such as a custom fit blazer or a tailored pair of trousers, tends to look polished regardless of changing fashion trends.
Subtle and Refined Accents: Details like understated custom dyed buttons, delicate stitching, and simple pockets contribute to the timeless appeal of a garment. Accents add interest without overwhelming the piece.
Simple Silhouettes: Clean, uncomplicated lines and silhouettes ensure that clothing remains elegant and stylish. The old cliché a little black dress, a crisp white shirt, or a trench coat, still look current.
Minimalistic Details: Its hard to stress this enough: Classic clothing usually features minimalistic design elements. Avoidance of excessive embellishments, logos, and patterns ensures that the piece has longevity and utility. They will 'blend' more seamlessly with the odd 'statement' piece.

Classic colours

One would never want to live in a world devoid of colour- but some colours are more ´old money' than others- arguably! In fact, before the 1970's pretty much all cashmere used to be available ONLY in black, grey and certain shades of cream/beige. Yes that is correct! It was Brunello Cucinelli who first began experimenting with dying cashmere in a variety of pretty pastels and bright colours, a move that was revolutionary for the time. It would be a shame not to take advantage of these innovations and exclude pretty colours from our wardrobe, but use them as an accent, allowing them to shine - rather than an all over drench.

Navy wool or cashmere with satin silk cream or a dash of rose pink is classic OM colourway, popularised by CHANEL. Shades of brown are very 'old money' - brown is rarely IN fashion - therefore never out of it. Black, grey and tan are excellent neutrals for tweeds, coats and suits.

Cream and white are the classic choice for stylish shirts and blouses. These would usually be in high grade cotton, linen mix or for more formal occasions - in washable silk. Denim in dark washes is practical, looks smart and is usually included in the OM wardrobe

Poise & posture

How to stop those 'classic' pieces looking frumpy? The 'old money' woman probably had the benefit of ballet classes and horse riding lessons as a child. This sort of

physical discipline contributes to a healthy physique with good deportment, meaning that almost any item of clothing will look better on her. Good posture may be an inherited trait.

Fluid silhouettes that skim the body look graceful, expensive and convey a sense of ease.

How OM Margaret gets her poise & posture:

Let's look why our fictional character Margaret Harrington, exemplifies the grace instilled by privileged upbringing. Coming from an old money family, Margaret was immersed in the disciplines of ballet and horse riding from a young age. These activities not only fostered physical fitness and self discipline, but also cultivated a poised posture and fluid movements that enhance the natural elegance of her wardrobe.

As Margaret steps out in a tailored navy blazer paired with a crisp white blouse and perfectly fitted trousers, her upbringing is evident. The clean lines and classic silhouette of her outfit are accentuated by her graceful posture, making the ensemble appear effortlessly chic. For a more casual setting, Margaret might opt for a cashmere sweater in a soft pastel hue, matched with slim cut (not skinny) dark wash jeans and impeccably clean trainers. The simplicity of this outfit is elevated by the way it skims her well-proportioned frame, exuding a sense of ease and sophistication. When she dons a floor-length evening gown for a charity gala, her refined deportment ensures that the garment drapes well, transforming an already stunning dress into a masterpiece of elegance. Margaret's refined poise and timeless style are not just products of her

wardrobe, but a result of the disciplined lifestyle and values ingrained in her from an early age. This blend of classic fashion choices and graceful demeanour solidifies her as an enduring icon of the OM aesthetic.

Thank goodness, poise & deportment can be cultivated without Margarets privileged upbringing. I do have a whole chapter for you later on.

Tailoring

It is extremely rare that any clothing is a perfect fit off the peg. Some skilled tailoring will be needed to improve fit, but the reward is comfort and finesse. It is said that Princess Catherine even has her sweatpants tailored to improve fit - and HRH already cuts a beautiful and statuesque figure.

For OMA wardrobes avoid skin tight, stretchy one size fits all or restrictive garments. Ideally, you do not want to look as if you are about to burst out of your clothes, but neither do you want to feel lost in a tent-like, one-size-fits-all type of garment. When done well, tailoring is a very comfortable choice, it allows for ease of movement in the shoulders, skims the silhouette, regulating body temperature. Bad tailoring on the other hand, feels awkward and restrictive. It is a lot cheaper for clothes manufactures to sell you stretchy shapeless clothes, but OM will insist on tailoring.

Tailoring tips & know how

Some tweaks—like hemming trousers or nipping in a waist—are easy magic. Others—like fixing a poor fit in

the shoulders—best left alone. Old Money wisdom says: know when a garment can be saved and when it's simply not worth the battle.

YES! Easy to tailor:

Always buy jackets, blazers, and structured garments that fit your shoulders properly to begin with.

Shoulders should fit well (especially for jackets and coats): Shoulder alterations are very expensive and rarely turn out perfect. When the shoulders fit well other adjustments can usually be done to achieve perfection.

The garment is slightly too big (rather than too small): It's easier to take garments in than to let them out. Extra fabric can be removed, but it's rare to have enough seam allowance to add width.

Simple hemlines and seams: If you can spot a clean seam (no intricate beading, no heavy lining or embroidery), it's an easier fix.

The classic 'old money' wardrobe often contains couture and bespoke items, inherited or sometimes specially commissioned. Unique items of clothing can take a bit of confidence to wear, but they are to be cherished. They impart individuality and personal style.

Not many modern wardrobes include inherited couture Chanel, but fret not. There is a cheat sheet later on full of useful tips to achieve the aesthetic with or without inherited Chanel jackets and couture.

How to shop like Old Money

In general, old money wardrobes contain a mix of quality items, bought over many seasons, many years, many decades even! Not forgetting those special inherited pieces that used to belonged to their stylish grand-mamas and grand-papas. They have distinct shopping habits and varied, yet discerning taste. Let's take a closer look..

case study 1

Margaret Harrington: shopping as an art form

Revisiting Margaret Harrington, the quintessential type of old money woman, She approaches shopping as an art form, prioritising quality and timelessness over quantity and trends.
Margaret shops often, but buys very little and after a lot of thought.

Bespoke and Heirloom Pieces: Todays shopping journey starts with a morning visit to her trusted bespoke tailor. She has an appointment at Savile Row, where she consults with her tailor about a new tailored blazer. Margaret prefers custom-made pieces that reflect her personal style and fit her perfectly. During the consultation, she selects a luxurious wool fabric in a classic navy hue, discussing details like lapel width and button placement. The tailor takes her measurements meticulously, ensuring that the blazer will be a perfect addition to her wardrobe.

High-End Boutiques and Classic Styles: After her tailor visit, Margaret strolls down Bond Street, in London, known for its high-end boutiques. She steps into Hermès, where she is greeted warmly by the store manager, who recognises her as a loyal customer. Margaret is looking for another silk scarf, a versatile accessory she knows will add a touch of elegance to any outfit. She takes her time, feeling the texture of each scarf and admiring the intricate patterns. After careful consideration, she selects a classic equestrian-themed design, knowing it will pair well with many of her outfits. Once she made up her mind, she buys, she never returns and doesn't waste the sales peoples time. Perhaps that's why she is so popular with them. '*Can we tempt you with a new birkin Ma'am?*' The store manager inquires. '*We have some new colours that you may like*'. 'Thank you Max' she responds 'I will make another appointment next week, a little bit pressed for time today though, so good of you to think of me.'

Quality Over Quantity: Margaret's next stop is a small, exclusive boutique that specialises in cashmere. She knows the shop owner personally and trusts her recommendations. Margaret is in search of a new cashmere sweater, something timeless and of the highest quality. She picks a simple, crew-neck sweater in a soft beige colour, appreciating its versatility and luxurious feel. She doesn't rush her decisions, often purchasing only one or perhaps two carefully selected items per season.

Enduring Elegance: Before heading home, Margaret makes a final stop at a vintage jewellery store. She has a keen eye for antique pieces that carry history and charm. Today, she's looking for a piece to commemorate her wedding anniversary. She finds a delicate pearl necklace with an exquisite jewelled clasp that perfectly complements her existing collection. Another timeless piece that could be cherished and possibly passed down to future generations. She doesn't buy it today though. Margaret wants to have another look in own jewellery box to make sure she doesn't already own something similar. She will also discuss it with her husband, to see what he thinks.

case study 2

Elizabeth Kensington: personalised luxury shopping

Elizabeth Kensington, another emblem of the old money aesthetic, takes a different approach to shopping.

Luxury Department Stores and Personalised Service: Elizabeth begins her shopping excursion at Harrods. Her mother, her grand-mother and her mother-in-law used to shop at Harrods, so she still visits now and then. She has an appointment with her personal shopper, who has pre-selected a range of outfits for her to try on. Elizabeth prefers this personalised service as it saves time and ensures she only sees pieces that align with her style. Today, she is looking for a new evening gown for an upcoming charity event. The personal shopper presents several options from designers known for their classic elegance. Elizabeth opts for a floor-length silk gown in a deep emerald green, appreciating its timeless silhouette and exquisite craftsmanship. She is secretly delighted that she already has some shoes to complement this dress.

Sustainable and Ethical Choices: Next, Elizabeth visits a boutique known for its commitment to sustainability and ethical fashion. She values high-quality pieces that are also environmentally friendly. Elizabeth spends time learning about the origins of the

fabrics and the ethical practices of the designers. She purchases a beautifully cut, loosely fitted linen dress. Perfect for her forthcoming summer holiday. It aligns with her values about sustainability: with a little care the dress will last for many seasons.

Antique Shops and Rare Finds: Elizabeth's final stop is a little shop specialising in leather repairs. She drops off some leather shoes and her inherited vintage ferragamo. God knows that bag has seen better days - but there is still plenty of life to be had. Elizabeth enjoys the hunt for unique items that tell a story, but she is also diligent about repairing and preserving what the items she already has.

Balancing Tradition and Modernity: Before ending her shopping day, Elizabeth makes a quick stop at a high-quality, organic skincare store. She understands that maintaining her timeless look involves not just fashion but also skincare. She selects just two products recommended by her dermatologist, ensuring her skin remains well looked after.

case study 3

Lady Beatrice Whitaker: frequent & sustainable shopping

Now let's follow Lady Beatrice on her shopping escapades...

Beatrice Whitaker, a busy socialite, philanthropist, and modern embodiment of the old money aesthetic, takes a refreshing approach to shopping. While she still appreciates the quality and craftsmanship of high-end brands, she finds joy in the thrill of treasure hunting. She is often seen at Oxfam on Marylebone High Street. The truth be said she is a little bit of a shopaholic, and she simply adores the thrill of the hunt.

A Love for Thrift and Sustainability:

Every few weeks, Beatrice sets aside a Saturday to explore the aisles of Oxfam. She values sustainability and believes in giving new life to pre-loved clothing. For her, shopping at Oxfam isn't just about finding unique pieces; it's also about contributing to a worthy cause. Today, she's in search of a vintage dress for an upcoming garden party. As she sifts through the racks, her keen eye spots a delightful midi dress in floral silk that perfectly embodies her style. It's in her size, but she will still need to call on to her tailor for some sensitive alterations to get a perfect fit. It is not an inexpensive dress, but the money does go to a good cause. Plus, she may choose to donate it again after a couple of wears. Her social calendar demands her attending frequent

charity openings and events—she is required to wear an assortment of chic outfits. The press is always scrutinising her choices...She is very careful about promoting second-hand and sustainable brands. We do live in the age of Instagram, after all.

Decluttering with Purpose:
Beatrice is also committed to maintaining a curated wardrobe. Twice a year, she dedicates a whole afternoon to clean out her main closet, carefully selecting items she no longer wears or that no longer resonate with her aesthetic. With a keen sense of what to keep and what to let go, she takes great pleasure in passing her gently used clothing to Oxfam, ensuring that others can enjoy them. This practice not only declutters her space but also contributes to sustainable fashion, reflecting her values of generosity and environmental consciousness.

Mixing Vintage with Contemporary:
After her successful shopping trip, Beatrice enjoys the creative process of styling her treasures. She loves to mix vintage pieces with something a bit more cutting edge. The vintage floral dress looks stunning with a neat little clutch bag and a pair of comfortable loafers, perfection for next months garden party. (Never wear spindly heels for an English garden party. It ruins the lawn and upsets the host.)

Accessories with Character:
To complete her outfits, Beatrice often chooses bold jewellery and vintage accessories. Today, she is wearing

a pair of casual loose fit, Levi's jeans and an oversized white shirt. She selects a statement pair of gold plated 1960s Dior earrings (inherited from her grandmothers collection), adding a touch of glamour to her casual ensemble. She believes that every piece of clothing and accessory sends a message, and she enjoys curating her wardrobe to reflect her unique style and values. She can't remember ever buying new jewellery - there is so much excellent vintage out there. (*see resources*)

Self care Rituals:
Beatrice is a keen equestrian and hands-on gardener, so she keeps her nails short and easy maintenance. However, she likes to prepare for a whirlwind of special events with weekly meditation classes and a relaxing facial with her favourite aesthetician.

By shopping at charity stores and regularly refreshing her closet, Beatrice Whitaker embodies the spirit of thoughtful consumption and timeless style. Her approach to fashion not only highlights her OMA but also serves as an inspiring example of how to embrace sustainability and individuality in today's world.

Margaret, Elizabeth, and Beatrice demonstrate how 'old money' women approach shopping in their own unique ways, with a focus on quality, timelessness, and personal connection, ensuring their wardrobes are elegant and sustainable.

Create and Maintain your very own Old Money Wardrobe

It is so tempting - to start with the glamour of the floor length evening gown, the pristine all white tennis outfit and those delicious leather riding boots....Not to mention the expensive trophy handbag!

Tempting as it is to start with the glamorous items, the cocktail dress, the white cashmere and the leather kelly bag take a deep breath, adjust your posture to OM standard and wait. Consider this first: Old money style comes from old money lifestyle. Margaret, Charlotte and Beatrice whose wardrobes have been described in the previous chapter are very different, but they do share one important thing in common. **Their wardrobe suits their lifestyle.**

It is worth noting: when they shop, they shop for a specific reason. They have an event in mind, it's not just shopping for shoppings sake. They don't buy equestrian clothes, unless they are planning to go riding, they don't buy evening gowns unless there is an actual event for them. They wear comfortable, elegant clothes every

single day - they wear special event clothes only for special occasions.

If our fashion choices do not align with our lifestyle it will come off as artifice and affectation, because that's what it is. The first thing to do is establish what you need to buy to fit your day to day life, the best quality of whatever type of clothes YOU like that will serve YOUR particular lifestyle.

Of course we can still project the 'just stepped out of my country house' look, but it needs to be subtle. Dear ladies, pay attention and read on.

Perfecting your wardrobe to serve your life

Lifestyle Questions

One would not believe the amount of money (and time) we can save by asking this ONE very simple question. A very first question to ask before buying any item of clothing is '**where am I going to wear this?**' Old money buys with intention rather than just to spend their good old money.
Do you work from home, in an office or are you student? Or perhaps you are retired or a stay at home busy mum. Investing in your key pieces will be a different process.

1. **where am I going to wear this?**

2. will I still want it, in 5 years time?

2. how much tailoring/alterations does it need to be perfect and worthy of my OM closet?

3. can I afford the item, the maintenance and the alterations both in time & money

4. can it be disposed in an ethical way? (or is it landfill material?)

Universal List of clothing items (almost) everyone needs

Good underwear

Rarely talked about - yet good underwear is an absolute necessity, is it not? Seek out pure cotton and well fitting items that are easy to wash. A little bit of elastane in the cotton can make for better fit - but make sure gussets are always 100% cotton - non negotiable ! This will not only feel more comfortable, but is by far the best choice, for health & hygiene reasons.

Old bras that are the wrong size and dig into your skin have absolutely no place in your new underwear drawer.. high quality, comfortable bras are a life changing experience ! They will quite literally form the foundation of your chic ensemble. Pure silk soft bras are a luxury and sateen cotton ones are good enough for everyday. Special t shirt bras will ensure a smooth seamless look.

The best underwear comes from France and Italy - but don't you start ordering on line. It is imperative that, at first at least, you make time to visit specialist shops that offer a bra fitting service. Subsequently look for organic cotton underwear, good socks and everyday camisoles. These specialist boutiques are usually a good place to buy pyjamas, nightdresses and dressing gowns as well.

Make sure everything purchased is machine washable and easy to care for. A starter set could comprise of enough panties to last till laundry day, (buying all the same colour makes it easier to wash together) a couple of bras, enough socks, and camisoles, keeping to neutral colours, black, grey or nude. Colour experiments come later, once you have enough basics. There is no need to buy everything at once, just get a couple of items to try for comfort and convenience. Once you are happy with them -then you can even order on line if you find that's less hassle, than visiting boutiques. Oh yes and - clear out old frilly polyester pieces or stretched out bras, make room for organic cotton. Bravo!

Non-negotiable when it comes to underwear

- comfortable 100% cotton gussets (preferably organic) No nylon, no polyester whatsoever which suffocates the skin and will make you sweaty
- Well fitting items with no 'digging' in elastic. (There is no substitute for trying on in person a size up and a size down)
- Machine washable, easy care items only.
- Neutral colours, choose black white grey on nude. In the case of socks this is an extra bonus because if you loose one you still have matching sets.
- Simple designs (no bows and frills) in streamlined silhouettes look best under t shirts and don't cause ugly VPL. (Visible Panty Lines)

Daily 'uniform'

No need to reinvent the wheel! Create a simple formula to get dressed quickly and look your very best. Taking in a lesson from OM wardrobes, and choosing everyday comfort and quality to fit lifestyle and weather conditions.

Denim

A good pair of denim trousers in a dark wash and another slightly more distressed in a paler wash. Or if you don't like trousers a fitted midi skirt in denim. Denim is actually easy to buy second hand and relatively inexpensive. Try a few pairs on - however be prepared to pull out the OM trump card. TAILORING! It will make all the difference. It's best to buy a pair of jeans slightly too big and have it altered to fit at the waist and hemmed at a suitable length. Factor in the cost of the tailoring - which can be higher than the actual cost of the jeans. You will look simply divine though. The best and most long-lasting denim is 100% cotton with no elastane. Most skinny jeans usually have elastane and are not easy to tailor - plus they loose their shape after a few washes, because elastane deteriorates much faster than cotton. If you cannot find a tailor, usually the local dry cleaners can offer a reasonable alteration service. If you need to shorten jeans (or your denim skirt for that matter) keep the surplus fabric. It is sometimes worth turning into a coordinated belt or a clutch bag for that

super slick considered OM bespoke look. (In the *resources* I include a couple of places that can do that for you -) (*https://harlequin-uk.com make the absolute best finishing touches. Custom belts, buttons, clutch bags...*)
It is far better to have two pairs of jeans that fit you to perfection rather than a dozen of ill fitting pairs that you never feel that comfortable in. Release the jeans you no longer wear back into the charity shops - and make space to create your new quality OM wardrobe.

Non-negotiable when it comes to jeans

- Dark washes are the most versatile
- No self conscious rips, a little bit of distress is fine.
- Tailoring, fitted waist, skimming on the hips, correct length
- No skinny jeans, no exaggerated washes, no rhinestone or shinny beads
- 100% cotton, no elastane

Shirts & t-shirts

Thankfully it is easier to find reasonably priced well fitting tops to go with your jeans - much easier than finding the actual jeans. T shirts in 100% linen or linen mix or silk - can be found at most price points. It's probably safer to try them in person first - but they can be ordered on line. *(https://www.majesticfilatures.com*) To complete your Daily 'uniform' a couple of t shirts or even better polo shirts with collar, or simple Henley tops. Plain colours can form the foundation and diversification later on. Most grey shades, bottle green

or blue melange, solid black are all excellent choices and will have more longevity than white.
Having said that few things look better than crisp white shirts. If you do opt for a shirt its important that you take the time to iron it - its a high maintenance piece of clothing. I sometimes prefer jersey shirts as they do not need meticulous ironing.

Non-negotiable when it comes to shirts/t-shirts

- Natural fibres, 100%linen, % cotton or a silk/linen/ cotton mix
- Absolutely no polyester
- Tops with collars look more OM
- Fit in the shoulders - always
- Neutral colours, grey, white, pale blue, ecru, charcoal, navy, black
- Plain or stripes - perhaps pois - no florals at this point.
- Shirts should be meticulously ironed even linen ones. When not possible to commit to ironing - choose jersey or something else entirely.

Knitwear

Quality Knitwear is another OM wardrobe staple. A simple v neck in washable wool or cashmere - Start with easy maintenance neutral colour choices and take it from there. If your preference is for crew neck, that's another option and of course simple polo necks are very OM style. Roll necks are more suited to colder climates, so not as versatile as crew neck. Cardigans

can get a bad rap - which is a shame because they can be beautiful and practical - the epitome of chic.

Give the traditional twin set un update - by wearing a t shirt in the same colour as the cardigan for a casual and considered look. For example a linen t-shirt in bottle green paired with a cashmere cardigan in the same or similar hue. If you are worried about looking frumpy, casually throw the cardigan round the neck like a scarf, (very preppy OM and rather Parisian!) or by doing the French tuck to create a flattering length.

Classic 'old money' knitwear choices:

Argyle: A classic diamond-shaped pattern often knit in bold colours, look out for the original Scottish manufacturers. Popular in sweaters and socks.

Aran: Chunky, textured sweaters from Ireland, showcasing intricate cable and basket stitch patterns.

Norwegian Lusekofte: Traditional Scandinavian knitwear featuring two-tone snowflake and star patterns, perfect for cold winters and chic ski style.

Fair Isle: Vibrantly coloured knitwear with intricate geometric designs, originating from the Fair Isle in the Shetland Islands. Always in style and copied by many high fashion houses. (*see resources & request latest PDF.*)

Simple styles are a better long term investment. Good quality wool and cashmere are expensive 'investment' purchases - they will need to be meticulously cleaned and stored properly to help prevent moth damage helping them last for many seasons.

Despite what you may have heard, cashmere does well with being washed and doesn't need dry - cleaning.

How to look after your cashmere

- *Wear it after you had a shower on clean skin.*
- *Wear it over a clean t-shirt or camisole, extra layer offers extra protection*
- *Allow knitwear to air for a couple of hours after each wear.*
- *Steam it after every few wears Use a steamer or simply hang in the shower room and allow the steam to work its magic.*
- *Hand (or gentle machine) wash at the end of the season. Dry flat & reshape whilst damp.*
- *Ideally, store clean and dry cashmere folded with acid free tissue in special cashmere bags. Ordinary clear plastic zip lock bags can also do an adequate job.*
- *Anti-moth lavender/cedar wood essential oil scented bags are an elegant touch - but not strictly essential.*

Coats & outerwear.

If I had to chose just one item of clothing to create the OMA wardrobes it would be a really good, top quality coat. Provided you live somewhere cold - that's pretty much the whole outfit. If you visit a restaurant or you go to someone's house and you take your coat off - that's the one item of clothing where the label will be seen! Its worth spending time and money on finding a perfectly tailored coat in a shape and material that you adore. Visit some high end boutiques and try some classic examples - single or double breasted. Medium lapel, nicely tailored to your shape and choose a style. Double faced cashmere, alpaca or silk lining are signs of quality - they will usually come at a price. If budget doesn't stretch to those, sometimes astronomical,

prices, look for a second had option that matches your criteria. Neutral colours are the perfect starting point, black, grey or camel. Stay away from pastels and white coats- especially if you use public transport, love dogs, have children or just generally would prefer to have a life that doesn't involve stressing about keeping your expensive coat pristine. Stay away from polyester, nylon or other synthetic fabrics- they will inevitably shed look shiny & cheap without providing sufficient comfort and warmth. On the other end of the spectrum 100% cashmere might be too delicate for everyday wear. A mix of wool with a little bit of synthetic might be preferable. It absolutely is perfectly possible to find excellent coats in the pre-loved market, especially if you have a good tailor to execute some sensitive alterations. A top quality coat could last you well over 7 years - work out the potential CPW (cost pet wear!)

For any outdoor pursuits a waxed, Barbour style jacket is very Old Money. Just add pearls!

Blazers

Blazers, jackets and suits. Do these fit in your lifestyle or are they going to feel like playing 'dress up' ? Most workplaces are a lot more casual than even 5 years ago - so depending on which direction the world goes these may become obsolete. Still, a well tailored jacket that fits perfectly is more or less an essential item of clothing. It can be worn casually, easily elevate denim trousers and even a pair of leggings. A tweed jacket with silk lining will feel comfortable while traveling and

regulate body temperature to perfection. It will also look smart projecting that elusive OM vibe. Wear it pretty much the same way you'd wear a denim jacket or a track suit top, wear it with trainers or with leather shoes... pick a neutral colour and it will elevate everything. Fantastic cost per wear!

A well fitting blazer fits the shoulders perfectly still allowing for a full range of movement. You should be able to run, hop skip and wave your arms... in your well fitting blazer.

It's worth buying just one starter jacket, perhaps pre-loved, start wearing it- making it your own signature piece and see where it takes you. Should you become a committed blazer person, then you can look into other options including custom made pieces.

Shoes

Shoes shoes shoes.... OM wardrobes have many (often too many) pairs of shoes. There are shoes for every occasion and some (rather weird) old money rules about shoes.

old money shoe rules

- **No Brown Shoes in the City** (originating from British old aristocratic circles, who believed brown shoes are casual and more appropriate for the countryside, while black shoes were the natural choice for a formal, polished look in the city.
- **Always Match Your Belt and Shoes** A rule to be strictly adhered to for both men and women.

Matching your shoes with your belt creates a cohesive look, reflecting attention to detail.

- Polished **Leather or Suede shoes** are the traditional choice to create timeless and classic appearance. Choosing shoes made from high-quality leather or suede. Leather shoes not only look elegant but with care can also age well, developing a very attractive patina. They did need painful 'breaking in' though.

Of course these rules are now outdated. Most sensible OM people choose their daily shoe for comfort. Nothing compares with well fitting and lightweight pair of trainers, thank you very much. There is no need to suffer, trainers are now acceptable in most social situations - barring the most formal ones.

Just make sure the trainers are clean and well looked after. It is also possible to buy trainer style shoes with leather insoles - for those who prefer leather to the more lightweight synthetics. Synthetic trainers can be washed in the washing machine, no excuse for dirty ones. It's a good idea to have two or three pairs to wear on rotation so they don't retain odour, plus they can coordinate with your shirt or jeans or coat. Basically adapt the old rule about matching your shoes to your belt and co-ordinate your trainers to your outfit.

Comfortable shoes promote a healthy back and better posture. It's also beneficial to incorporate fitness into our daily activities, so walking as much as possible is ideal, making trainers the best choice. The worst shoe choices are what I call 'shuffling shoes'—those that require you to shuffle along to keep them on your feet, such as pool slides, Crocs, or flip-flops. It's difficult to

walk gracefully in these, as they require a toe-gripping motion to stay in place.

Moccasins, penny loafers, and ballet flats are other excellent options; they can look very smart, though they may not be as comfortable as trainers.

For very formal occasions, such as weddings or gala events, it's still important to show respect by choosing classic footwear. Ladies may opt for a simple leather pump or a satin shoe with a heel. When buying special occasion shoes, select them only after deciding on your outfit to ensure they coordinate and match. A 'nude' colour shoe, one that matches your skin tone, will work well with most outfits.

If you are actually planing to spend a lot of time in a wet, muddy environment (Glastonbury festival comes to mind or even horse riding) you will need a pair of galoshes in dark green or black, or a fun colour if you prefer. A pair of flip flops are great for the beach - never ever go for lunch or for a city walk wearing either flip flops or galoshes. Take the time to change your shoes - that's very proper 'Old Money'! They pay attention to that sort of thing.

Accessorising with finesse

A good coat, perfectly fitting denim, a midi skirt, shirts, silk blouses, plain cashmere... good shoes and comfortable underwear. That's basically the plain wrapping - your chosen silhouette.

Time to add quirky details and personality -in the form of jewellery choices, scarves, hats, gloves, belts and hand bags. Not forgetting hairstyle and make up. It is much easier to add interesting details if you have a relatively plain - but good quality outfit to start with.

jewellery -

Aristocratic OM may posses a tiara or two. Remember Princess Diana wearing hers as a head band?

classic pearl necklace

For everyday jewellery though a classic pearl necklace oozes finesse. It doesn't even have to be real - vintage glass pearls look stunning and can be bought from eBay for a song. Try to avoid the contemporary plastic pearls and look for good quality 'faux' from the 60's 70's and 80's. Graduated pearls, princess style and maybe a longer sautoir or opera length. They look lovely with jeans and cashmere sweaters or with dresses for a more formal look. It's hard to go wrong with pearls, just avoid ones that look too yellow, opt for ivory, cream or white.

Diamond & pearl studs

Small studs look simple and elegant. They are a precious little detail to add touch of sophistication without being overly flashy. Diamonds need to be small, discreet but very sparkly. Definitively not large and dull. At this point diamonds are not a good investment and there are numerous reasons to avoid them - lab grown faux and zirconium are perfectly good alternatives -plus if one gets misplaced it's not a huge loss.

Faux bijoux

Vintage statement pieces add glamour and personality to simple outfits - the epitome of chic. They can be found at relatively affordable prices in markets and

online auction platforms. At first at least, refuse to buy the very expensive options. Take your time to try a few things on and study different designers. OM doesn't just buy willy-nilly - relax, breathe and research.
Vintage brooches are not fashionable at the moment so they tend to be particularly good purchases. Pin brooches on a plain coat or jacket, jazz up a white shirt with vintage, gold plated Givenchy earrings... unleash your creativity. However to keep it OM: just the ONE statement piece per outfit.

Contemporary designers

These are often a steal compared to big luxury brands. They may well prove to be the heirlooms of the future. If you are able to support small contemporary designers, very modern jewellery often pairs well with classic clothing - which allows your discerning taste to shine.

Non-negotiable when it comes to jewellery

- Yes to Vintage and antique, 18 carat gold - even if they are unfashionable. OM doesn't follow fashion - OM leads fashion!
- Look for Realistic looking (but faux) pearls & diamonds, delicate looking rather than improbably huge.
- Avoid cliche branded jewellery as trending on instagram. Alhambra for example or worse Alhambra copies.
- Signet rings & tiaras -yes but only if they are actually inherited or fancy dress.

Should you happen to have a large budget to spend on jewellery, avoid the current trends which will be overpriced as well as overexposed. Resist the urge to buy Cartier trendy pieces, like the love bracelets, or the Alhambra collection from Van Clef & Arpels or contemporary Tiffany. Instead look for unique pieces from new designers - they will be better value and likely to become the true heirlooms of the future. In any case look into auctions and only buy things you really love rather than what everyone else has.

scarves -

Silk carré

The late Queen Elizabeth of England had a huge collection of Hermès silks - which she wore casually. There are many pictures of her wearing them at the races or in her country walks. Scarves go in and out of fashion - but a silk carré (square around 70 or 90 cm) is a wardrobe staple that will add joyful colour and pattern into a monochromatic outfit and save a bad hair day. Hermès silk scarves are iconic, but eyewateringly

expensive. Look out for vintage, second hand or anything in 100% silk. Simply choose colours that you love. The epitome of OM chic casually worn around the neck, or tied to a handbag, a la Grace Kelly.

Cashmere Scarves:

For the winter months nothing feels more luxurious than an oversize cashmere scarf in neutral tones. It adds warmth and finishes off an outfit to a high standard. Make sure the scarf is big enough to envelop you, nothing skimpy will do.

The best cashmere is made in Scotland or Italy - avoid cheap ones. This is one item where is worth paying a little extra. Do ensure the colour you choose compliments your favourite cold weather coat or jacket.

gloves

A perfectly fitted pair of kid leather or cashmere gloves! A lovely addition to the OM accessories arsenal.

Leather gloves in black or brown are a practical choice for the colder months adding a polished finish to your outfit. Cashmere lined gloves are un indulgence - but they do offer extra warmth.

Unlined Driving Gloves may look like an affectation, but why not? Not many people use these - yet they can be both elegant and functional. You don't even have to drive to wear them!

belts

Leather Belts

A classic leather belt with a simple buckle should be logo free to create a refined look. It gives a loose outfit a bit of much needed shape. One doesn't actually need a lot of belts, a black leather, a brown one and a tan should cover most eventualities. If you wear a statement necklace or earrings do make sure the belt buckle is simple and doesn't fight with it visually. Likewise if you have a very beautiful buckle - treat it just like jewellery.

Fabric Belts:

A 'self-fabric' belt can be custom-made from fabric remnants. If you've had a dress or a pair of jeans tailored, you can use the leftover fabric to create a matching belt. These belts offer a thoughtfully coordinated, yet casual, look - perfect for the OM aesthetic. Custom belts can often be made at a surprisingly affordable price point. (*see resources*)

glasses & sunglasses

Sunglasses are an essential accessory. Worth paying a little more to get a single quality pair, with proper UV protection. A discreet monogram YES, prominent logos, NO.. Remember to remove your sunglasses when talking to someone, taking the time to actually look at them. Talking to people with dark sunglasses on, is extremely rude - not OM at all. You take your sunglasses off, look at someone's face and smile affably to put them at ease. Now that's good manners, true OM charisma!

Handbags

A lovely handbag can make for a sophisticated finishing touch to most ensembles - however don't be fooled, they are not the ensemble itself.

Don't be fooled into thinking that you need to spend your budget on buying Chanel or Hermès or Louis Vuitton handbag in order to look chic. If you already have one- wonderful, use it - but otherwise save the money and proceed with caution.
A vintage Kelly bag may be the epitome of chic - but there are other alternatives for those who do not wish to sell a kidney in order to buy a handbag. I would avoid Chanel altogether at this point it's such a cliché. A lady needs only about 4-5 handbags in her collection in order to look chic and cover most eventualities.

The Large Tote
A versatile option for carrying everyday essentials. A good-quality leather tote in black or brown can be an excellent choice for some. However, keep in mind that a large, all-leather bag can be heavy and unsuitable for those who like to include long walks in their lifestyle. Instead, consider a cotton tote or even a recyclable canvas shopper. These are chic, lightweight, practical, and inexpensive. Just make sure to keep them clean with regular washes and replace them before they start to look too worn.

The Handheld Structured Bag

These bags look very smart when paired with a tailored jacket or coat, as they won't disrupt the lines of your tailoring like a crossbody or shoulder bag might. They are perfect for casual and semi-formal day events, lunches, coffee with friends, concerts, art exhibitions and similar outings.

The Small Crossbody

Ideal for traveling or when you need to be hands-free. Sometimes, a strap can be added to other bag styles, but 'convertible' bags can often look too fussy. Remember the old money rule about simplicity and functionality—a good crossbody bag should be reasonably small to maintain elegance.

The Clutch Bag

The only truly chic option for formal events, but also versatile enough to pair with jeans for more casual outings when you don't need to carry much. Practise holding and carrying your clutch until it feels like a natural part of your ensemble. The best formal clutches are made of satin or velvet and match the gown or dress exactly. These can be custom-made relatively (*resources PDF*) inexpensively, and you can sometimes even get matching satin shoes. If matching your clutch to your outfit feels too high-maintenance, a generic gold or silver minaudière will work for most occasions. Alternatively, a black velvet clutch adorned with a sparkly brooch is an easy DIY option.

The Summer Basket Bag

A classic straw bag is perfect for the summer months. It's ideal for picnics, BBQs, and informal garden parties. Not only does it add a charming, casual touch to an outfit, but it's also a practical for carrying an assortment of summer essentials: bottle of water, box of tissues, sunblock, sandwiches... Choose a basket with a sturdy structure and handles, maybe even adding a colourful scarf for extra joie de vivre.

Luggage collection

One needs some discreet luggage for ones travels! And perhaps even a small back pack - extras are entirely lifestyle dependant. Luggage is not usually monogrammed, but may be personalised with a unique, monogrammed tag in battered old leather. Souvenir from days bygone, and also very handy for recognising in the luggage carousel after a long flight.

Having options for hot climates or holidays

When living in a very hot climate or experiencing a heat wave - denim is not a particularly good option. Knowing how to adapt the everyday 'uniform' is a life saver. Here we have some lovely alternatives to transcend trends and wear year after year

The satin skirt with casual t-shirt

Mixing the finesse of a silk satin skirt with a casual cotton t-shirt and cotton plimsolls. You may wear this sort of thing for lunch/ dinner or evening drinks , and occasionally for work. Not suitable for visits to the park, garden parties or generally anywhere that may require sitting on less than pristine surfaces. (includes, park benches, cheap cafés, grass etc) My preference is for satin skirts in pure silk -but this is one occasion where we can divert from the natural fabric rule. Satin polyester skirts, much less expensive and the deal breaker: very easy to wash.

The slim fit midi dress in organic cotton

A black slim fit dress (not too tight not too loose) is a chameleon item of clothing, to dress up or down with simple accessories. Versatile in other solid colours. If you prefer colour, a sunny yellow or aqua blue brings out our summer glow! The perfect understated dress without fussy details, you can wear this for work, to run

errands, for weekends BBQ's plus its good for travelling. Folds down to nothing. It's a very casual look with sandals or plimsoles, but it can also shine accessorised with a structured bag and some heels. It absolutely has to be machine washable and possibly sleeveless.

The flowy silk (or linen) dress

A stylish cut in luxurious silk. For longevity I'd prefer a linen or cotton version, but satin silk is pure glamour. Casual enough to wear with trainers for a days walking around the city, or with stacked (read comfortable) heels for a wedding reception. Pick a jolly colour that feels pretty & fresh in silk satin. (Please note that it's a very bad idea to buy this kind of dress in any synthetic fabric. It will be hot and uncomfortable!)

The midi/maxi cotton shirt dress

This is basically like a long shirt and you can wear it with or without a belt, sleeves rolled up etc. you can add a smart belt and use starch when ironed for a smart office look. Sometimes you may not even need to iron and it can still look acceptable. There are inexpensive versions from M&S in linen/cotton mix. Max Mara had a wonderful selection regularly on sale – definitely worth looking at. It should be machine washable at high temperatures, something with a blue and white stripe is ideal to withstand the rigours & humiliations of train/plane travel. This would make a wonderfully useful 'go to' dress for those 'messy' public events: like sitting on the grass or rowing a boat or market shopping. Be well prepared and thou shall remain chic!

The oversized minimalist or shift dress

You may have to pay a little more for this to get a decent cut (cheap ones will make you look like a tent) but a good version looks so elevated. Accessorise for the office with a smart bag, for a casual day with a straw basket or be the perfect wedding guest with a silver clutch/matching pumps. The perfect thing to wear for al fresco dinner or simply enjoying very large lunch !!!

Many of these suggestions can also be adapted for those rare, more formal occasions. If you opt for cotton or linen choose sleeveless or very loose, billowy sleeves to avoid sweat patches.

Once a well-curated collection of everyday outfits is established, only then consider purchasing expensive special pieces for special events like weddings and parties. Remember, everything you buy should be something you'll use regularly, cherish, and take good care of, for many seasons to come.

Life is a special event

Do not wait for special events to exude 'Old Money' chic. Its important to practice every day!

Even the most casual of encounters is an opportunity to put our best foot forward. Meticulously planned casual outfits are the norm - every day is an opportunity to exude joy with our choice of outfit.

Every 'event' merits a decent outfit. It could be some cool jeans with a perfect linen shirt, or a sundress in gelato colour. Accessorised with chic sunglasses, neat shoes and a neat, little (logo free) handbag. Accessories are not always the most expensive or the most on trend – but always a lovely compliment to the overall ensemble. I feel in some countries/cultures, there is way too much emphasis on wearing the most expensive brands – mistake in my view. We are all for quality – but not if it means slaughtering the chic factor.

What counts as 'Events'? But Everything!

- Going for coffee (huge café culture in Europe, more of a catwalk than fashion week)
- Visiting the shops to return something (cost of living crisis!)
- Walk in the park with or without dog
- Stop by the library (saves on buying the latest magazines).

Getting up in the morning to go to work? Event

- Working from home? Event. Dress to feel our very best.
- Lunch with mama, grandmama and sometimes great-grandma too. Family events first!

Going to work is also an 'event' – always merits the right outfit. Practical easily removed layers, to keep comfy as the weather changes from cool mornings to warm afternoons. Natural fabrics that flow and always, its non – negotiable a fresh pair of shoes. Shoes don't have to be new – but they have to be immaculately clean. Set aside half an hour or so every week for a shoe clean, yes wipe even the soles. Very Old Money!

Bonus style tips for OM petites

Clothing choices will - to a major extend -depend on body type. Whether one is classified as hour glass, pear shaped or athletic, celebrate our shape and adapt wardrobe choices accordingly.
Arguably it is far easier to look magnificent in almost any type of clothing; when one has model-esque proportions, so here is some style choices to creating longer, leaner silhouettes for the petite ladies among us:

- Long, lean coats. - *Ideally look for single breasted, and small neat lapel, no huge pockets.*
- 3/4 length sleeves - *especially for those with slim wrists*
- Chunky boots with a bit of heel *(not over the knee)*
- Ankle length trousers - *especially for those with slim ankles, try with elegant pointy shoes in the same colour.*
- Structured handheld bags *(oversize hobos weigh smallish people down making them look even smaller.)*
- Draw the eye upwards *with a pair of stylish earrings, and aim to create a neat neckline, creating a portrait zone. It will look charming.* ***Avoid*** *anything that draws the eye down, heavy or bright coloured statement shoes for example.*

Also avoid frills, exaggerated nails, impossibly long eyelashes, oversize bows, cartoon t shirts or anything overtly girly. Use jewellery with restraint and find a good yoga class pronto.

Beauty: the Old Money way

*Surprisingly simple, no nonsense approach! Establishing daily routines for clean, well-moisturised skin and ensuring impeccable hygiene through regular showers. Ultra-subtle signature fragrances are used **after**, rather than instead, of washing - we are not Louis XIII!*

Simple beauty rituals are easy to maintain. Daily skincare routine is no more than three steps – one can always indulge in a more complicated and luxurious pamper session once a month or so.
Make up is unobtrusive, except perhaps for a bold lipstick, definitely no obvious fillers or 'work done'.

Skincare Basic steps for Old Money style skin care include: cleansing with very gentle, non-irritating products, moisturising at least twice a day to keep the skin supple, and daily application of broad-spectrum sunscreen to prevent sun damage. Lymphatic drainage self massage with a light hand, or a gua sha tool. More specific concerns, like acne or extreme sensitivities are usually addressed by a visit to the family dermatologist.

Nails For nails, the old money style dictates a conservative approach. Nails are usually kept short neatly trimmed and shaped, with a preference for neutral polish or soft pink shades. Old money individuals often play sports and live active lifestyles, opting for short natural-looking nails over fake or long

nails with elaborate designs- which in many circles are considered garish. Maintaining the health of nails with massage and hydration is a priority.

Hair Typical looks include polished chignons or simple, loose waves - super clean, shiny and glossy. In line with the old money ethos, hair care is about simplicity and excellent maintenance. Hairstyles are generally classic and understated, with a preference for natural hair colours that complement one's skin tone.

Even OM has bad hair days, those are greeted with humour. Unruly hair is kept under control with a smile and tying a beautiful silk scarf. Voila!

Dental Health: A beautiful smile is one of the most powerful (and subtle) accessories. Beyond aesthetics, good dental hygiene reflects health, care, discipline, and long-term thinking. Visit a reputable hygienist twice a year, learn the right technique, and keep strict routines: brushing twice daily, using interdental sticks, drinking water rather than soda. Do consider a copper tongue scraper for fresh breath. (*Details in resources*). Whitening should be gentle and minimal. Veneers avoided altogether. They are irrevocably damaging for the teeth.

Just like with their wardrobe, OM approach to beauty is to ensure a polished look that transcends fleeting fashion trends, embodying sophistication. The focus is on regular skin care rather than covering with make-up – quality, consistency, and a natural appearance exuding confidence and refinement.

OM Beauty rituals are simple yet always feel
somewhat luxurious.
focus is on regular skin care, protection and hydration,
rather than covering up with make-up
- quality, consistency, and a natural appearance to exude
confidence and refinement

Bonus Beauty Cheat Sheet

It is not unusual for Old Money families to pass on their beauty secrets to the younger generation. This is especially so in France, where grand-mamas pride themselves for their beautiful, well looked after complexions.

I include these vintage cards as the next best thing to old family beauty recipes. They offer a simple technique to reduce puffiness, minimise extra chins, improve the lymph flow and generally lift and restore.

Use your preferred face cream or oil generously and wipe off excess when you finish. For best results repeat at least twice a week. Breathe deeply through the nose, using firm but gentle upward strokes and do NOT drag the skin! (*for more detailed info see resources PDF*)

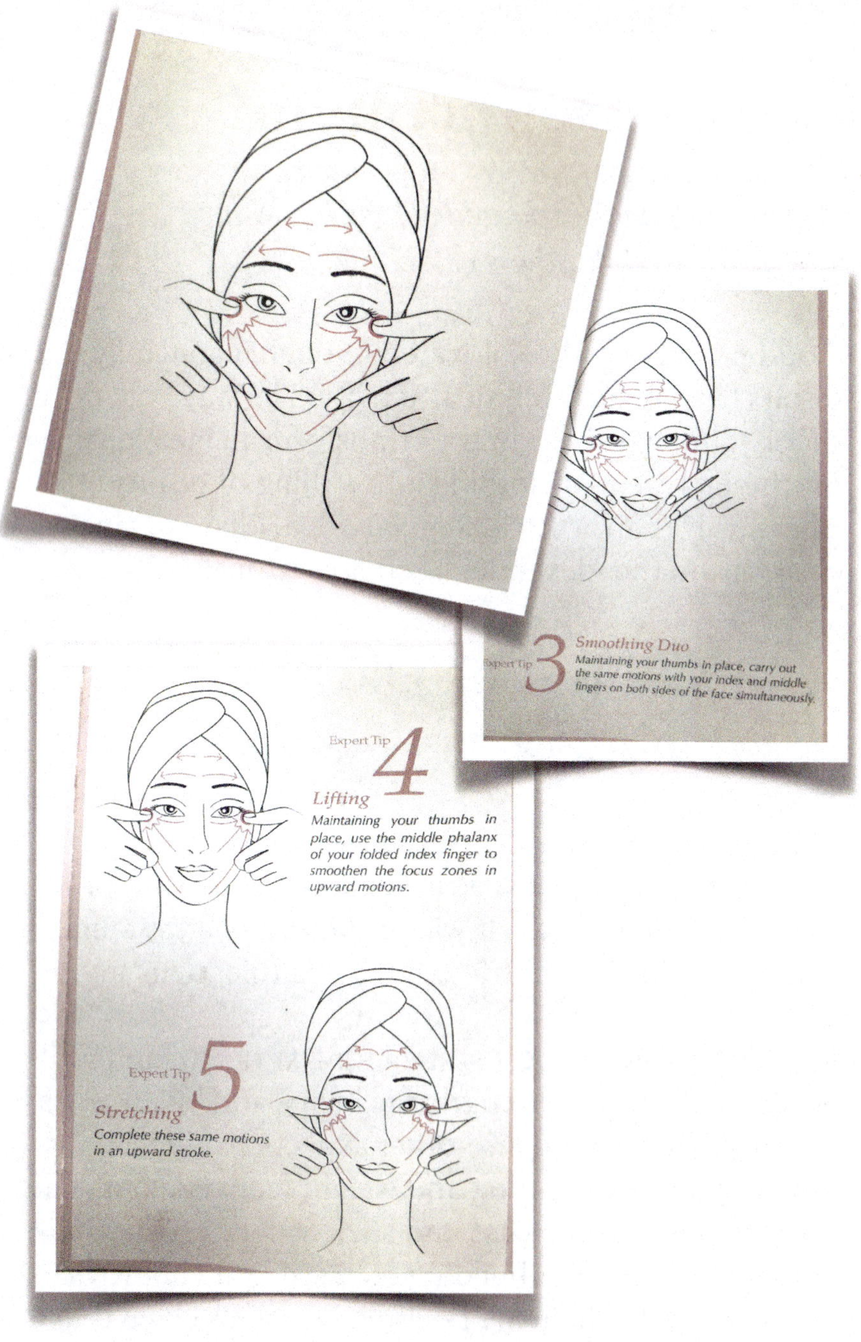
Expert Tip 3
Smoothing Duo
Maintaining your thumbs in place, carry out the same motions with your index and middle fingers on both sides of the face simultaneously.
Expert Tip 4
Lifting
Maintaining your thumbs in place, use the middle phalanx of your folded index finger to smoothen the focus zones in upward motions.
Expert Tip 5
Stretching
Complete these same motions in an upward stroke.

Poise, Posture, and Deportment

Some people glide along like swans,
while others can barely waddle.

Good posture can be cultivated, though it generally results from regular physical activity. The way you move, sit, or stand has the power to transform an inexpensive off-the-rack item of clothing into a thing of beauty. There truly is an art to it. Regular Yoga, Pilates, Dance classes, and the Alexander Technique can all help.

Cultivating Old Money Poise & Deportment

This is incredibly useful in any case even if you have zero interest in OM aesthetic fashion, or any kind of fashion for that matter. It will promote a healthy spine, minimise pain and contribute to a healthier demeanour.

Yoga: Probably the best system for DIY health and well-being, yoga creates strength, flexibility, and balance. Its benefits often extend into other aspects of life, promoting healthy eating and weight management. The key is to find a good class and stick with it.
Pilates: Excellent for building core strength, improving flexibility, and enhancing posture. Devotees claim that

attending regular classes can help you stand and move with more grace.

Alexander Technique: Initially designed for actors, it is best taught one-to-one. Focuses on teaching improved posture and movement to reduce tension and improve overall coordination.

Simple Exercises: For quick DIY solutions, practice standing against a wall with your heels, back, and head touching the wall to get a sense of proper alignment.

Dance Classes: Even as an adult, taking dance classes such as ballet, ballroom, or contemporary dance can significantly enhance your sense of balance, rhythm, and fluidity of movement.

Tai Chi: This martial art emphasises slow, controlled movements and balance, promoting calm and coordinated body movements.

Practice Walking with Purpose: upright spine, relaxed shoulders, and head held high. Imagine a string pulling you up from the top of your head to encourage good posture.

Heel-to-Toe Walking: A Technique involving rolling your foot from heel to toe as you walk to create a smooth and balanced gait. Comfortable, soft shoes only please!

Breathing Techniques:

Deep Breathing Exercises: Best practiced within the context of yoga or meditation classes. Correctly breathing through the nose, promotes relaxation and calmness, contributing to a composed demeanour.

Meditation and Mindfulness: Regular meditation can help reduce stress and improve your overall presence and mindfulness in daily activities.

Cheat Sheet:
quick tips for daily practice

Stand Tall: Imagine an invisible silk thread lifting up from the crown of the head, ears in line with shoulders.
Sit Properly: Sit upright, shoulders relaxed, feet flat on the floor. Keep knees and ankles together.
Move Gracefully: Practice slow, deliberate movements, especially in your daily routines.
Speak Calmly: Use a calm and clear voice, pausing to breathe through the nose, and think before speaking.
Dress Well: Spend time getting know your wardrobe choose simple, properly-fitting clothes that make you feel confident and comfortable.
Manners Matter: Take your time! Eat slowly, sip your tea, make eye contact, and smile genuinely. When traveling in foreign lands master the art of saying 'thank you' & 'please', in the language of your hosts. So chic!

What NOT to buy

The myth of the 'investment' purchase.

In recent years, there has been growing pressure to invest in so-called 'luxury fashion purchases,' in particular, wildly overpriced handbags. At the same time, fast fashion—often exploitative—has surged. Many believe that an expensive designer handbag has magic powers to 'elevate' an ill-fitting, cheaply made, fast fashion t-shirt. This is simply not true, the signals of wealth and style are far more nuanced.

Those who dress well and have the means to do so typically do not wear a single item that outshines the rest of their outfit. (*As a rough guideline the shoes cost a third of what the suit does, and the shirt an eighth.*) Individuals with old money, or those comfortable with wealth, tend to mix high and low fashion much more seamlessly. They might pair handmade trousers with an inherited old Shetland sweater. Their clothing, even if many seasons old, is of high quality, reflecting their long-standing financial stability and preference for well-made pieces. To put it simply: They've had money for a long time therefore their old clothes tend to be rather expensive, high quality old clothes.

More items for your 'Not to buy' list...

Fast Fashion: This style typically focuses on trendy, mass-produced items that lack quality and longevity. Often made with synthetic materials derived from oil, contributing to environmental degradation. Furthermore, they are usually produced in sweatshops under dubious if not downright unethical, conditions. Poor quality is often (but not always) clearly visible in wrinkly fabric, shapeless cuts and cheap looking colour.

Logo-Centric & Luxury Apparel: Clothing emblazoned with large, conspicuous logos or brand names, as well as overpriced 'luxury' items, can detract from a refined aesthetic. In the old money style, clothes are chosen for their intrinsic quality rather than their brand name or status symbol.

Overly Trendy Pieces: Items that are heavily trend-driven can quickly date an outfit. Pieces that are "in vogue" often lose their appeal within a short period, typically around six months. The old money aesthetic favours timeless styles that are not 'here today - gone tomorrow' - they remain relevant regardless of changing fashion trends.

Over Embellished Garments: Overly ornate clothing, such as items with excessive sequins, bold prints, or loud embellishments, can undermine a sophisticated appearance. The old money style emphasises understated elegance over flashy displays.

Synthetic Fabrics: While there are notable exceptions, many synthetic materials can appear cheap and wear poorly over time. The old money aesthetic prefers 'noble' fabrics (wool, silk, cashmere, linen, cotton).

Relationships: The Inner Circle for Old Money Style

Behind every well-dressed OM woman, there is a trusted network of skilled professionals. These relationships are cultivated over many years to ensure that every detail of her appearance is polished to perfection.

It has been said that is not what you know, but WHO you know that matters. Choose your people with care and reward them with appreciation for their skill and respect for their time!

The **tailor** is not just someone who alters clothing; they may well be masters of fit and proportion. If you are new to this, start with simple adjustments like hemming your trousers, before moving on to more complex tailoring. Never haggle, but always agree on the cost beforehand.
Tailoring is both a skill and an art—treat it with respect. At the end of the day, a beautifully fitted garment is a long term investment.

The qualified **dermatologist** is far preferable to an influencer if you need help maintaining healthy, glowing

skin. Truth be said, sometimes, simply switching to high-quality, hypoallergenic skincare is enough.

Regular visits to your talented **hairdresser** are essential—not just for precision cuts, but for maintaining hair health, enhancing colour, and ensuring timeless elegance. Similarly, a **dental hygienist and dentist** keep your smile pristine with regular cleanings and subtle cosmetic enhancements.

Include on your team an experienced **yoga teacher,** weekly sessions are invaluable for posture, flexibility, overall calm and well-being. The Old Money woman understands that elegance is not just about clothing but also how she moves and carries herself. A dedicated practice fosters grace, elegance and finesse.

Shopping for **pre-loved treasures** requires more than just luck; the missing element is often found in a good relationship. Boutique owners, vintage specialists, and luxury resale associates who know your taste, can alert you to rare finds. And, of course, **Hermès is notorious for requiring an established rapport with sales associates** before offering their most exclusive pieces. Cultivating these relationships takes time, but the rewards are undeniable, they will make life flow with more ease. Keep interactions warm and cordial—light conversations about travel, family traditions, or art create the perfect balance of familiarity and discretion.

The team for 'Old Money' style:

- **Tailor / Seamstress** – for impeccable alterations and custom tailoring
- **Dermatologist** – for skin health expertise
- **Hairdresser** – for classic, well-maintained styles
- **Dental Hygienist & Dentist** – for healthy teeth and subtle cosmetic work
- **Yoga Teacher** – for posture, flexibility, and overall well-being
- **Luxury Sales Associate** – for access to exclusive pieces and personal shopping
- **Vintage & Resale Experts** – for sourcing timeless designer finds
- **Shoemaker / Cobbler** – for maintaining and restoring luxury footwear
- **Jeweller** – for care, repair, advice and curation of heirloom pieces.

Old Money style is built on quality, long term relationships, and discretion—your personal team is there to help, as and when needed. Thank you team!

Take your time! Eat slowly, sip, (rather than gulp) your tea, make eye contact, and smile genuinely. Practice at home so it becomes natural part of who you are.

A Life filled with grace

Creating a lifestyle marked by elegance, poise, and an appreciation for timeless beauty.

The true old money aesthetic is less about projecting wealth and more about making conscious, considered choices in our wardrobe. It is an aesthetic designed to last decades, with pieces intended to be kept season after season. You'll notice that 'fast fashion' doesn't align with Old Money shopping habits. Instead, the focus is on sustainable, second-hand shopping, tailoring, alterations and slow fashion—embracing classic styles without succumbing to overconsumption and poor quality. Being 'timeless' involves investing time and effort in building relationships with local boutique owners, seamstresses, and tailors. It's about curating a wardrobe that prioritises comfort and finesse, remaining unaffected by fleeting trends.

May these pages inspire you to cultivate the just stepped out of my country house (or château) look. Exuding elegance true sophistication and understated wealth. It really is the very best fun!

The true old money aesthetic is less about projecting perceived wealth and more about making conscious, considered clothing choices.

Would love to stay in touch! To receive the latest updates on shopping resources and recommendations, please send an email titled "OM Fashion Resources" to henrietta.j.hunter@me.com

You will receive a PDF with the latest contacts and shopping resources, aligning with the ethos of this publication.

Join the 'old money' club and get your free PDF!

Stay in touch - looking forward to hear from you
henrietta.j.hunter@me.com

https://oldmoneyguides.carrd.co/

Author: Henrietta Jones -Hunter
Publisher: Luminous Publications
Imprint: The 'Gallery
978-0-9571233-7-3
henrietta.j.hunter@me.com

Thank you for reading this little guide! If you enjoyed it and would like to stay in touch and read more on the subject, do get on our mailing list:
henrietta.j.hunter@me.com

"Old Money" Aesthetic Interiors:
home living style guide

ISBN: 978-0-9571233-2-8

"Old Money" Aesthetic Wardrobe:
fashion style guide

ISBN: 978-0-9571233-7-3

Other Books in the series to order now:

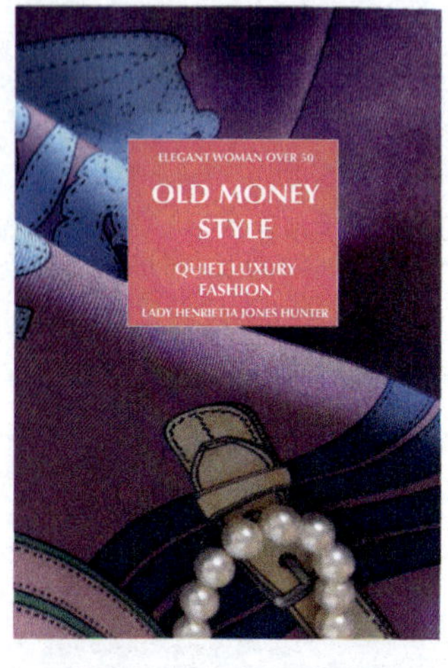

"Classic Old Money style" Elegance over 50 *fashion guide*

ISBN: 978-0-9571233-8-0

Quiet Luxury for smart money. *fashion style guide*

ISBN: 978-0-9571233-6-6

Printed in Dunstable, United Kingdom